Programmieren lernen für Kinder - Einsteiger

Herausgeber:

Barbara Hardy

Autor:

Dirk Hardy

Lektorat und Layout:

Barbara Hardy

ProLern-Internetseite:

www.dirkhardy.de/ProLern

Hinweis zu dieser Auflage:

Bei der Zusammenstellung von Texten und Abbildungen sind wir mit größter Sorgfalt vorgegangen. Trotzdem können wir Fehler nicht vollständig ausschliessen. Für fehlerhafte Angaben und deren Folgen können wir weder eine juristische Verantwortung noch irgendeine Haftung übernehmen. Wir sind jedoch dankbar für Verbesserungsvorschläge und Hinweise auf Fehler.

Die Informationen in diesem Buch werden ohne Rücksicht auf einen eventuellen Patentschutz veröffentlicht. Warennamen werden ohne Gewährleistung der freien Verwendbarkeit benutzt.

Fast alle Hardware- und Softwarebezeichnungen und weitere Stichworte und sonstige Angaben, die in diesem Buch verwendet werden, sind als eingetragene Marken geschützt. Da es nicht möglich ist, in allen Fällen zeitnah zu ermitteln, ob ein Markenschutz besteht, wird das ®-Symbol in diesem Buch nicht verwendet.

Programmieren lernen

für Kinder

Einsteiger

Bibliografische Information der Deutschen Nationalbibliothek:
Die Deutsche Nationalbibliothek verzeichnet diese Publikation in der
Deutschen Nationalbibliografie; detaillierte bibliografische Daten sind
im Internet über www.dnb.de abrufbar.

Herstellung und Verlag:
BoD - Books on Demand, Norderstedt

ISBN: 978-3-7347-3544-8

Vorwort

Du hast dir bestimmt schon oft die Frage gestellt: „Warum soll ich Programmieren lernen? Ich will lieber mit meinen Freunden ein paar Spiele am Computer spielen!"

Wir finden allerdings, dass Programmieren cool und Programmieren lernen nicht schwer ist! Das möchten wir mit diesem Buch beweisen.

Es gibt schon viele Bücher, die den Einstieg ins Programmieren erleichtern wollen. Diese Bücher sind toll geschrieben, wunderbar illustriert und bieten viele Möglichkeiten in die Programmierwelt einzusteigen. Warum also noch ein weiteres Buch? **Weil dieses Buch keinerlei Kenntnisse über Computer und Programmierung voraussetzt.** Wenn du schon einmal mit einem Computer gespielt hast und weisst, wie man ein Programm öffnet, kannst du loslegen.

Wir erklären dir in kleinen Schritten und mit vielen Beispielen alles, was du benötigst, um erste eigene Programme zu schreiben. Du erfährst, was Platzhalter sind, wie der Computer rechnen und denken lernt und wie du Wiederholungen als Arbeitserleichterung nutzt. **Wir beginnen in diesem Buch also noch „vor" den anderen Programmierbüchern für Kids!**

Natürlich musst du auch hier eine „Programmiersprache" lernen, denn ohne sie versteht dein Computer dich nicht. Für dieses Buch haben wir eine „neue Programmiersprache" entwickelt, die nur aus wenigen deutschen Schlüsselwörtern besteht. So kommst du sehr schnell zu ersten Programmiererfolgen. Wenn du einmal eine Programmiersprache gelernt und verstanden hast, kannst du problemlos eine andere lernen und somit in die professionelle Programmierwelt einsteigen.

Diese neue Programmiersprache nennen wir *ProLern* für „Programmieren lernen". Sie ist kostenfrei und neben allen Beispielen und Lösungen auf der Internet-Seite von *ProLern* zu finden:

www.dirkhardy.de/ProLern

Das Wichtigste aber ist, dass du viel Spass beim Ausprobieren bekommst!

Zur Benutzung des Buches

Dieses Buch ist ein Arbeitsbuch! Beginne also beim ersten Kapitel und lies Seite für Seite. So erhältst du Erklärungen und Beispiele zu allen neuen Begriffen und wirst „ganz nebenbei" immer besser.

Bei allem, was man beginnt, muss man erst einmal die Grundlagen lernen und einüben. Daher empfehlen wir dir, die Übungsaufgaben am Ende eines jeden Kapitels selbst auszuprobieren und zu lösen. Zu allen Übungsaufgaben geben wir natürlich Hinweise und Tipps und in manchen Kapiteln sind nach schwierigen Themen zusätzliche Verständnisübungen eingebaut. Von Kapitel zu Kapitel werden die Aufgaben immer schwieriger, sodass die letzten auch schon recht kompliziert sind. Aber du kannst sie lösen, wenn du wirklich geduldig bleibst und Freude am Programmieren hast!

Jetzt bleibt uns nur noch, dir viel Spass und viel Erfolg zu wünschen, während du Programmieren lernst!

Inhaltsverzeichnis

Kapitel 1

Computer und Programme

1.1 Was ist eigentlich Programmieren?

Diese Frage ist natürlich mehr als berechtigt! Programmieren heisst eigentlich ganz einfach, Programme für den Computer zu schreiben. Damit sind wir bereits bei der nächsten Frage:

 **Was ist ein Programm?**

 **Ein Programm besteht aus Befehlen, die wir dem Computer mitteilen. Meistens werden diese Befehle hintereinander aufgeschrieben und in einer Datei gespeichert. Das Speichern hat den Vorteil, dass wir die Befehle nicht immer neu eingeben müssen, sondern bei Bedarf einfach aus der Datei laden können.**

Als Beispiel haben wir mal ein Programm aufgeschrieben:

```
**************************************************
Befehl Nr. 1: START

Befehl Nr. 2: SCHREIBE AUF BILDSCHIRM:
                Hallo, ich rechne nun..

Befehl Nr. 3: BERECHNE:  20 + 10 + 3*8

Befehl Nr. 4: SCHREIBE ERGEBNIS AUF
                BILDSCHIRM

Befehl Nr. 5: STOPP
**************************************************
```

Das Beispiel zeigt schon wichtige Punkte, die bei einem Programm beachtet werden müssen. Die Befehle stehen untereinander und sollen auch in dieser

Reihenfolge befolgt werden. Es würde natürlich keinen Sinn machen, das Ergebnis der Berechnung auszugeben, bevor eine Berechnung durchgeführt wurde.

Was sollen diese Befehle also bewirken? Der Computer bekommt die Anweisung, einen Text auf den Bildschirm zu schreiben und zwar "Hallo, ich rechne nun ...". Dann soll er eine Rechenaufgabe lösen und anschliessend das Ergebnis auf dem Bildschirm angezeigen. Der Computer arbeitet sozusagen als Taschenrechner. Das Ergebnis könnte so aussehen:

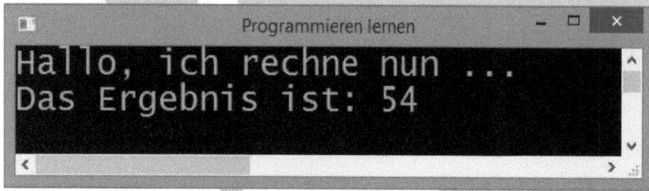

1.2   Aufbau eines Programms

Das erste kleine Beispiel-Programm zeigt schon wichtige Merkmale eines Programms. Die wichtigsten Merkmale werden nun aufgeschrieben.

Die Merkmale eines Programms:

  Ein Programm hat einen Anfang und ein Ende.

  Das Programm besteht aus Befehlen an den Computer.

  Die Befehle werden hintereinander vom Computer bearbeitet.

Große Programme können aus so vielen Befehlen bestehen, dass alleine das Aufschreiben der Befehle so viel Platz in Anspruch nimmt, wie man für ein dickes Lesebuch braucht.

1.3   Programmiersprachen und Befehle

Eine Programmiersprache ist eine Sammlung von Befehlen, die der Computer versteht. Heutzutage gibt es sehr viele verschiedene Programmiersprachen. Wenn man aber einmal eine Programmiersprache gelernt hat, dann kann man zum Glück sehr schnell auch eine andere lernen.

Ganz genau genommen versteht der Computer die Befehle einer Programmiersprache noch nicht. Sie müssen erst von einem speziellen Übersetzungsprogramm in die echte Sprache des Computers übersetzt werden – und zwar in die **Maschinensprache**. Diese Sprache versteht der Computer sofort. Ein Programm, das in Maschinensprache geschrieben ist, kann direkt gestartet werden. Bildlich kann man sich das so vorstellen:

Ein Mensch schreibt Befehle in einer Programmiersprache.

Befehl 1
Befehl 2
Befehl 3
Befehl 4
:

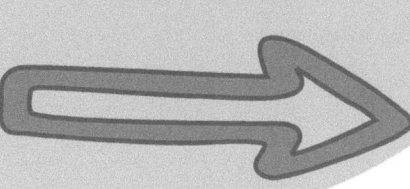

Ein Übersetzungsprogramm übersetzt die Befehle in Maschinensprache.

1010101
0101010
1010101
0101101
1010101

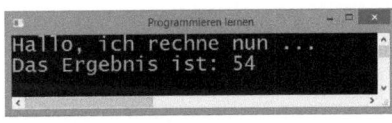

Hallo, ich rechne nun ...
Das Ergebnis ist: 54

Das Programm kann nun gestartet werden.

Was ist eigentlich diese Maschinensprache?

Die Maschinensprache besteht nur aus den Ziffern Null und Eins. Das ist tatsächlich die einzige Sprache, die der Computer direkt versteht. Wenn du dieses Buch in Maschinensprache aufschreiben wolltest, dann müsstest du mehr als eine Millionen Nullen und Einsen aufschreiben. Das könnte natürlich kein Mensch lesen, aber du bekommst eine Vorstellung davon, mit wie vielen Nullen und Einsen ein Computer umgehen muss.

1.4 Das Übersetzungsprogramm

Das Übersetzungsprogramm, welches die Befehle einer Programmiersprache in die Maschinensprache übersetzt, ist enorm wichtig für das Programmschreiben. Ohne ein solches Übersetzungsprogramm müsste man dem Computer die Befehle direkt in Maschinensprache mitteilen. Und das wäre sehr unangenehm, denn der Mensch ist es nicht gewohnt, sich nur mit den Ziffern Null und Eins zu verständigen. Alleine den eigenen Namen in Maschinensprache zu übersetzen, ist schon ziemlich mühsam und wir müssten einiges über unsere Zahlensysteme wissen. Wir haben das Wort *Prolern* einmal in Maschinensprache übersetzt. Das sieht schon recht gewöhnungsbedürftig aus:

Prolern = 1010000 1110010 1101111 1001100 1100101 1110010 1101110

Keine Angst, es ist nicht nötig, diese Maschinensprache zu verstehen. Dafür gibt es ja das Übersetzungsprogramm, welches uns diese Arbeit abnimmt. Es heisst in der Computerfachsprache *Compiler*. Das ist ein englisches Wort und bedeutet so viel wie Übersetzer. Für das Lernen mit diesem Buch wurde extra ein Übersetzungsprogramm geschrieben, das sehr einfache Befehle versteht. Damit soll ab dem nächsten Kapitel dann auch richtig programmiert werden. Vorher wollen wir aber noch einige kleine Aufgaben ohne den Computer erledigen.

? **Warum versteht der Computer eigentlich nur Nullen und Einsen?**

! **Das liegt an dem Rechenwerk des Computers. Das Rechenwerk des Computers ist sozusagen das Gehirn des Computers, in dem alles verarbeitet wird. Damit dieses Gehirn funktionieren kann, muss elektrischer Strom fliessen. Die Nullen und Einsen bedeuten nun ganz einfach, dass Strom fliesst (Eins) oder nicht fliesst (Null). Das ist natürlich etwas vereinfacht dargestellt, aber um eine Vorstellung zu bekommen, reicht dieses Wissen völlig aus.**

1.5 Aufgaben

1.5.1 Aufgabe 1: Fehler im Programm

Wir haben ein Programm aufgeschrieben, das man gut im Mathematikunterricht gebrauchen könnte. Es rechnet eine Länge in verschiedene Maße um. Leider funktioniert das Programm nicht ganz richtig. Kannst du die Fehler beseitigen?

```
Befehl Nr. 1:   START

Befehl Nr. 2:   SCHREIBE AUF BILDSCHIRM:
                Unser erstes Programm

Befehl Nr. 3:   SCHREIBE AUF BILDSCHIRM:
                Die Länge 3,51 m soll in
                cm umgerechnet werden

Befehl Nr. 4:   BERECHNE:  5,13*100

Befehl Nr. 5:   SCHREIBE ERGEBNIS AUF
                BILDSCHIRM

Befehl Nr. 6:   SCHREIBE AUF BILDSCHIRM:
                Die Länge 3,51 m soll in
                dm umgerechnet werden

Befehl Nr. 7:   BERECHNE:  3,51*10

Befehl Nr. 8:   STOPP

Befehl Nr. 9:   SCHREIBE ERGEBNIS AUF
                BILDSCHIRM
```

1.5.2 Aufgabe 2: Mathematik-Hausaufgaben

Die Hausaufgaben in Mathematik sind wieder sehr aufwändig. Mit der Zahl 50 sollen hintereinander einige Berechnungen durchgeführt werden. Zuerst soll durch fünf geteilt werden und dann das Ergebnis zu der Zahl 20 addiert werden. Zum Schluss soll dieses Ergebnis dann noch durch zwei geteilt werden. Kannst du die richtigen Befehle aufschreiben, sodass ein Computer dir die Arbeit der Hausaufgaben abnehmen könnte? Beachte dabei die Reihenfolge der Befehle.

Zusammenfassung!

Nach jedem Kapitel fassen wir noch einmal die wichtigen Dinge für dich zusammen. Ab dem zweiten Kapitel kommen noch Tipps zur Fehlersuche hinzu. Das hilft dir auch bei der Suche nach Fehlern in deinen eigenen Programmen.

 Ein Programm besteht aus Befehlen, die wir dem Computer mitteilen. **Die Befehle werden dabei hintereinander aufgeschrieben.**

 Jedes Programm hat einen **Start** und ein **Ende**.

 Computer und Mensch „sprechen" nicht die gleiche Sprache: Menschen verstehen am besten „Wörter" in Form einer Programmiersprache, aber der Computer versteht nur „Einsen und Nullen", also die Maschinensprache. Mithilfe eines bestimmten Übersetzungsprogrammes wird nun die Programmiersprache in die Maschinensprache übersetzt.

 In der Computerfachsprache heisst das Übersetzungsprogramm *Compiler*.

Kapitel 2

Das erste Programm schreiben

2.1 Das Übersetzungsprogramm ProLern

Bevor wir mit dem Programmieren anfangen können, müssen wir das Übersetzungs-programm *ProLern* kennen lernen. Dieses befindet sich auf der Internetseite

www.dirkhardy.de/ProLern

und kann von dort als „kostenloser Download" auf den eigenen Computer heruntergeladen und eingebaut (installiert) werden. Dazu sind folgende Schritte hintereinander auszuführen: Im Internet-Browser (z.B. Firefox) die Adresse **www.dirkhardy.de/ProLern** eingeben. Es erscheint die ProLern-Homepage.

Unter dem Bereich „Download" befindet sich ein Knopf „ProLern". Mit einem Klick auf diesen Knopf wird der Download gestartet.

Es öffnet sich folgendes Fenster:

![Öffnen von ProLern2.zip Dialog]

Wähle nun „Datei speichern" und drücke den OK-Knopf. Es erscheint ein weiteres Fenster, das den Speicherort abfragt. Dazu ist es sinnvoll, einen neuen Ordner mit Namen „ProLern" auf dem Laufwerk „C:" zu erstellen. In diesen neuen Ordner sollte die Datei dann gespeichert werden.

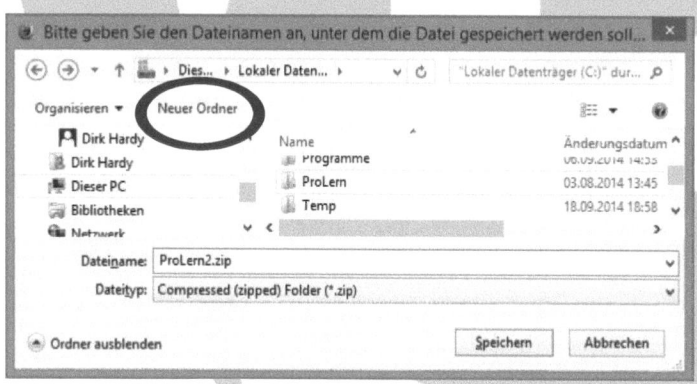

Nach dem Speichern müssen die Dateien aus „ProLern2.zip" herausgezogen werden. Das geschieht sehr einfach, in dem die „ProLern2.zip" markiert und anschliessend mit der rechten Maustaste der Befehl „Alle extrahieren…" gewählt wird.

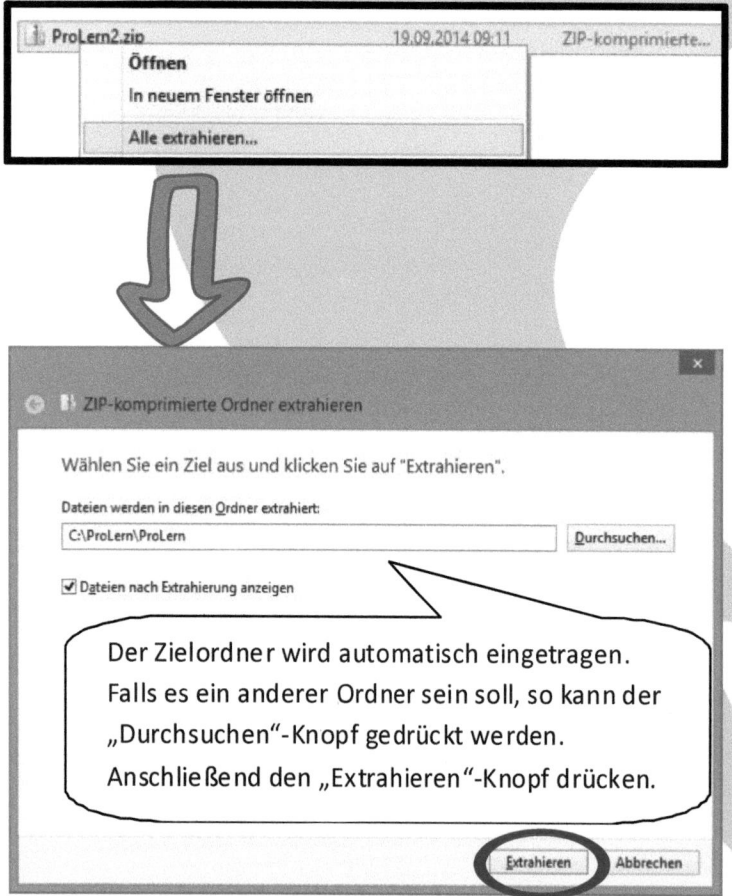

Das Übersetzungsprogramm *ProLern* kann jetzt gestartet werden. Dazu muss mit der linken Maustaste doppelt auf die Datei „ProLern2.exe" geklickt werden.

Anschliessend erscheint das folgende Fenster auf dem Computermonitor:

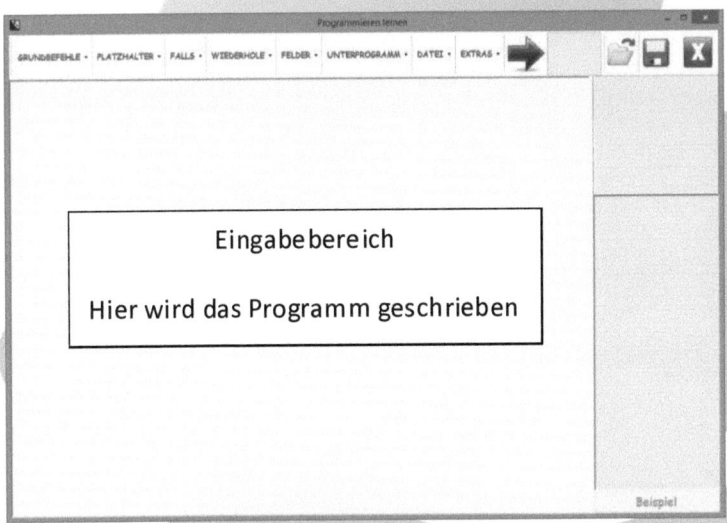

Das Programm *ProLern* hat einige „Knöpfe", die für das Programmieren wichtig sind. Diese Knöpfe werden nun kurz vorgestellt:

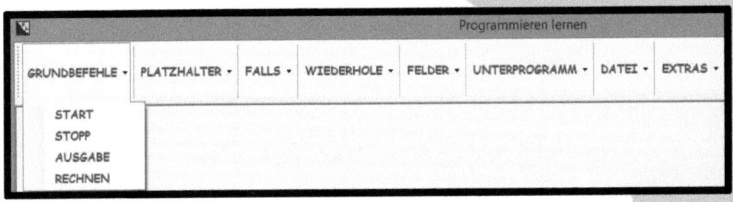

Mithilfe dieser Knöpfe können die Befehle gewählt werden, die für das Programmieren nötig sind. Wenn du beispielsweise den Knopf GRUNDBEFEHLE und dann auf das Wort START drückst, dann erscheint der Befehl START in dem Eingabebereich von *ProLern*. Alle Befehle werden bald ausführlich erläutert. Neben diesen Befehlen für die Programmierung sind aber noch weitere Knöpfe vorhanden, mit denen das Programm *ProLern* gesteuert werden kann: Der wichtigste dieser Knöpfe ist der „Ausführen-Knopf", mit dem das Programm übersetzt und gestartet wird: Das ist der Knopf mit dem blauen Pfeil.

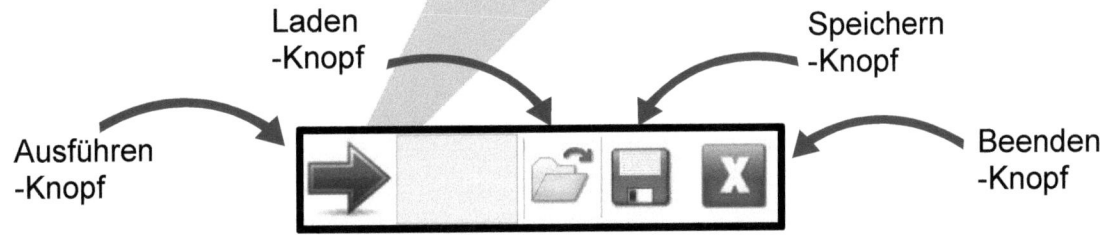

17

Wenn du nicht mehr mit *ProLern* arbeiten willst, dann drückst du den roten Knopf mit dem Kreuz. Dann wird *ProLern* beendet. Die beiden anderen Knöpfe (Laden und Speichern) werden später erklärt, wenn das erste Programm geschrieben wurde.

Wenn du die rechte Maustaste drückst, dann erscheint ein kleines Fenster mit weiteren Befehlen – das nennt man in der Computerfachsprache *Kontextmenü*:

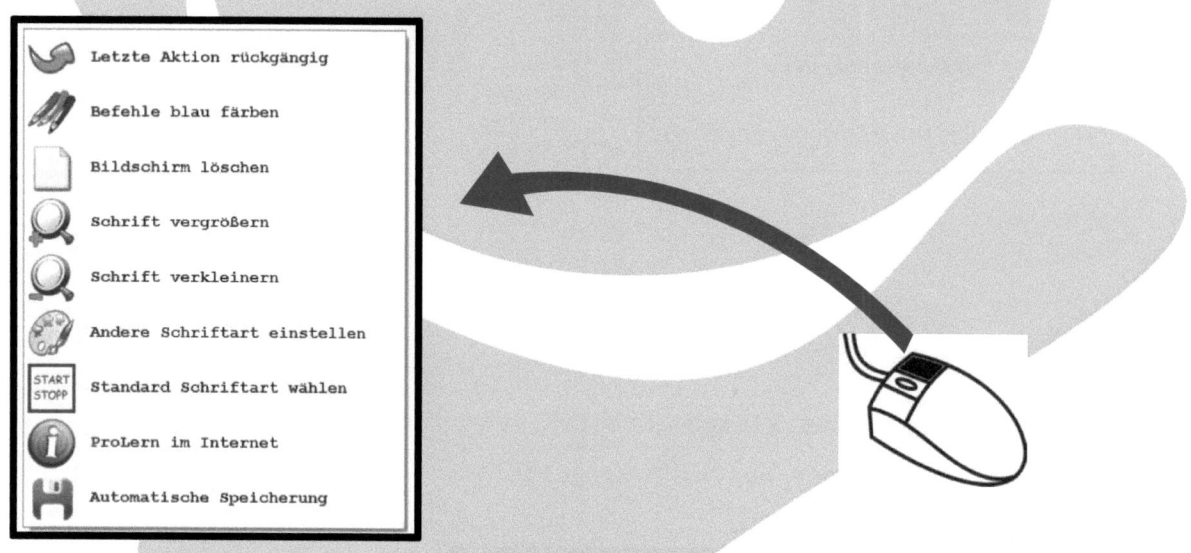

Mit diesen Befehlen kannst du beispielsweise die letzte Aktion rückgängig machen, die Befehle blau färben, den Bildschirm löschen, die Schriftart vergrössern und verkleinern, die Schriftart einstellen sowie ein Informationsfenster öffnen.

2.2 Das erste Programm

Nun geht es endlich los. Das erste Programm wird geschrieben und gestartet: Öffne dafür zuerst das Übersetzungsprogramm *ProLern*. Drücke nun den Knopf GRUNDBEFEHLE, dort auf das Wort START und anschliessend auf das Wort AUSGABE. Schreibe danach diesen Text mithilfe deiner Tastatur:

"Das erste Programm"

Anschliessend drückst du wieder den Knopf GRUNDBEFEHLE und dann das Wort STOPP. Du kannst die Wörter auch alle selbst schreiben. Allerdings ist es (gerade am Anfang) viel angenehmer sie über die vorhandenen Knöpfe zu wählen.

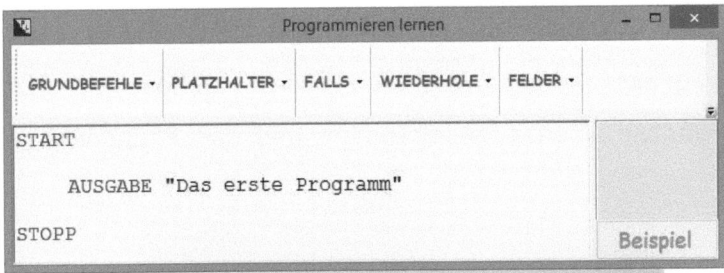

Die Befehle START, AUSGABE und STOPP wurden durch das Drücken auf den entsprechenden Menüpunkt in den Eingabebereich geschrieben. Sie werden automatisch in der Farbe Blau angezeigt und sind grossgeschrieben. Das gilt übrigens für alle Befehle, die du wählen kannst. Den weiteren Text **"Das erste Programm"** musstest du dann über die Tastatur eingeben, denn es ist kein Befehl. Deshalb erscheint der Text auch in der Farbe Schwarz.

Auf dem Bild kannst du erkennen, dass die Befehle START und STOPP mit einer Zeile Abstand zum anderen Text stehen. Das ist nicht unbedingt nötig, sorgt aber für Übersichtlichkeit, die beim Programmieren sehr wichtig ist. Zusätzlich ist der AUSGABE -Befehl mit dem Tabulator nach rechts eingerückt worden. Das sorgt ebenfalls für Übersichtlichkeit - echte Profis machen das übrigens auch so. Am einfachsten ist es, wenn du in einer neuen Zeile zuerst die Tabulator-Taste drückst und dann den Knopf für den AUSGABE -Befehl.

Wenn das alles erledigt ist, dann kannst du den „Ausführen-Knopf" drücken. (Zur Erinnerung: Das ist der Knopf mit dem blauen Pfeil.) Nun werden die Befehle übersetzt und das Programm wird gestartet. Wenn du alles richtig gemacht hast, dann erscheint ein neues Fenster. Diese Fenster zeigt das gestartete Programm, also die Übersetzung und Ausführung deiner Befehle. Das neue Fenster hat einen schwarzen Hintergrund und der Text wird in weiß-grauer Farbe geschrieben. Das ist erst einmal immer so. Auf jeden Fall solange, bis du die Befehle kennenlernst, um das zu ändern. So sollte es nun nach dem Starten auf deinem Bildschirm aussehen:

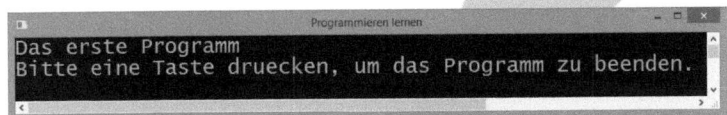

Ist das Fenster so erschienen? **Dann herzlichen Glückwunsch, du hast soeben dein erstes Programm geschrieben und gestartet.**

In dem Fenster steht zusätzlich die Aufforderung, eine Taste zu drücken. Diese Aufforderung wird bei jedem Programm erscheinen, denn erst nachdem du eine Taste gedrückt hast, wird das Fenster wieder geschlossen und das Programm ist zu Ende.

Falls das Fenster nicht erscheint, dann musst du alle Schritte, die oben beschrieben wurden, noch einmal überprüfen: Dir ist mit Sicherheit aufgefallen, dass das erste Programm aus drei Befehlen und einem Text besteht. Der START-Befehl ist dabei ganz wichtig, denn er zeigt an, dass jetzt das Programm beginnt. Wenn dieser Befehl weggelassen wird, dann kann das Programm nicht gestartet werden, so wie in diesem Beispiel:

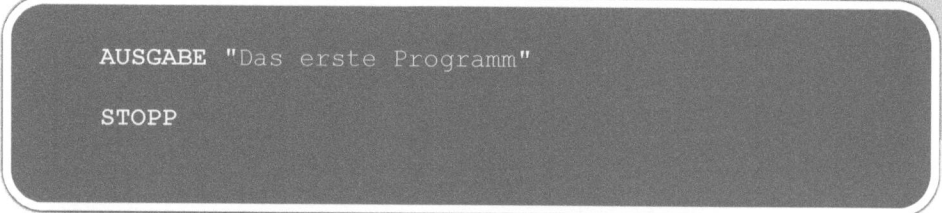

Nach dem Starten erscheint dann das folgende Fenster:

Das Programm wird nicht ausgeführt, stattdessen wird das Fenster mit der Meldung "Es fehlt ein START oder ein STOPP." angezeigt. Nach dem Drücken auf den „Schließen-Knopf" wird dieses Fenster wieder geschlossen und man kann in seinem Programm den fehlenden Befehl ergänzen.

Genauso wichtig ist der STOPP-Befehl, denn er zeigt an, dass das Programm nun zu Ende ist. Zwischen diesen beiden Befehlen wird dann das eigentliche Programm geschrieben. Bei diesem ersten Programm war es der Befehl AUSGABE, der gleich ganz genau betrachtet wird.

2.3 Der Befehl AUSGABE

Nachdem das erste Programm erfolgreich umgesetzt wurde, soll der Befehl AUSGABE näher betrachtet werden. Durch diesen Befehl wird ein Text auf den Bildschirm geschrieben. Der Text muss allerdings in Anführungsstrichen stehen, sonst kann der Befehl nicht richtig übersetzt werden.

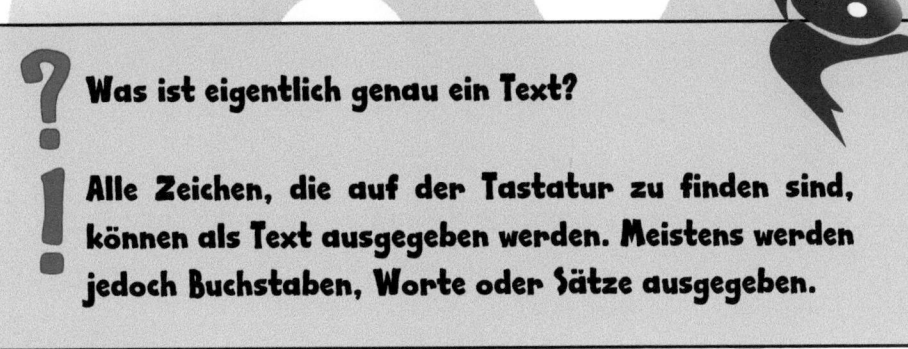

Was ist eigentlich genau ein Text?

Alle Zeichen, die auf der Tastatur zu finden sind, können als Text ausgegeben werden. Meistens werden jedoch Buchstaben, Worte oder Sätze ausgegeben.

Ein weiteres Beispiel zeigt, wie der Befehl AUSGABE auch benutzt werden kann:

```
START

    AUSGABE "Text: abc HI 12 $%&"
    AUSGABE
    AUSGABE "Das war eine Leerzeile"
    AUSGABE

STOPP
```

Zuerst sollen einige Buchstaben, Ziffern und Zeichen ausgegeben werden. Danach folgt der Befehl AUSGABE ohne einen weiteren Text. Anschliessend möchten wir einen ganzen Satz auf den Bildschirm schreiben lassen und schliesslich lassen wir noch einmal den Befehl AUSGABE ohne einen Text folgen. Dieses Programm sieht nach dem Drücken des „Ausführen-Knopfes" dann so aus:

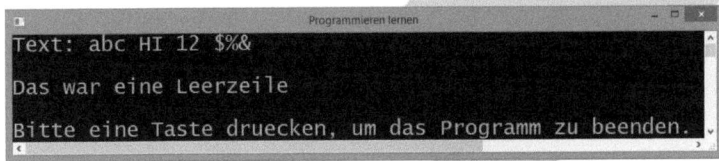

Der Befehl AUSGABE ohne einen weiteren Text bewirkt also, dass eine Leerzeile ausgegeben wird.

Später werden wir sehen, dass der Befehl AUSGABE auch noch für andere Dinge benutzt werden kann.

2.4 Fehler im Programm

Natürlich kann man auch beim Programmieren Fehler machen. Beispielsweise schreibt man aus Versehen falsche Befehle oder vergisst die Anführungsstriche bei der Textausgabe. Das ist überhaupt nicht schlimm und gehört zum Programmieren einfach dazu. Die meisten Programmierer verbringen viele Stunden damit, Fehler im Programm zu suchen.

Das folgende Programm verursacht einen Fehler, denn der Ausgabe-Befehl wurde versehentlich zweimal hintereinander geschrieben:

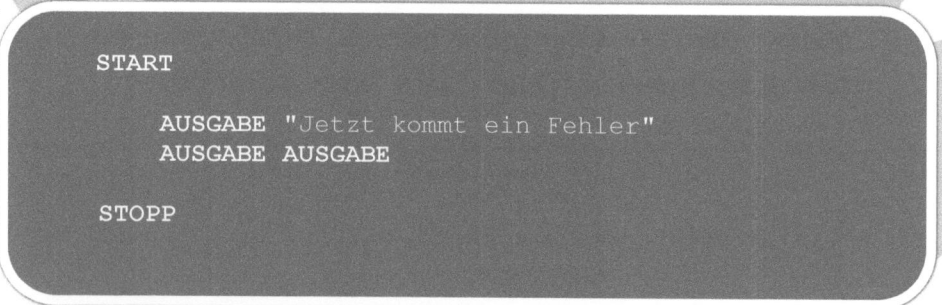

```
START

    AUSGABE "Jetzt kommt ein Fehler"
    AUSGABE AUSGABE

STOPP
```

Nachdem der „Ausführen-Knopf" gedrückt wurde, wird das Übersetzungsprogramm den Fehler erkennen. Es erscheint ein Fenster auf dem Bildschirm mit dem Hinweis, dass ein Fehler aufgetreten ist. Du wirst aufgefordert, dieses kleine Fenster durch das Drücken des „Schließen"-Knopfes" wieder zu schliessen. Nachfolgend sind alle Fehler des Programms in roter Schriftfarbe markiert.

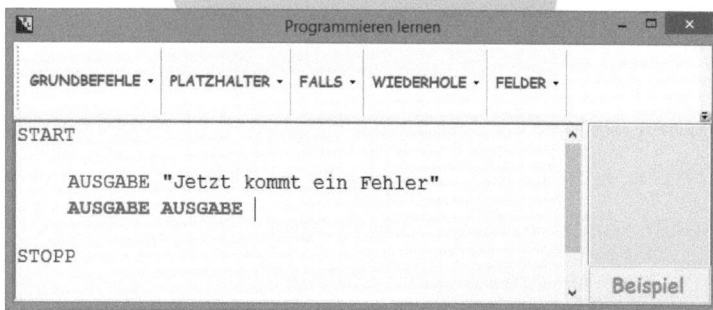

Nun kannst du den Fehler einfach beseitigen und das Programm erneut ausführen lassen. Es kann aber auch sein, dass in einem Programm mehrere Fehler sind. Dann müssen alle rot-gefärbten Zeilen überprüft und Schritt für Schritt alle Fehler im Programm korrigiert werden. Wird schliesslich der „Ausführen-Knopf" gedrückt, werden automatisch alle rot-gefärbten Zeilen wieder in den Normal-Zustand versetzt – also die Befehle blau eingefärbt und der andere Text in schwarzer Schrift geschrieben.

Falls nach dem Starten erneut Fehler auftauchen, werden sie natürlich wieder rot markiert. Das geht so lange, bis das Programm fehlerfrei ist und gestartet werden kann.

Denk bitte daran:
Jeder Befehl muss in einer eigenen Zeile stehen, sonst erscheint ein Fehler bei der Übersetzung.

Welche Arten von Fehlern gibt es eigentlich?

Es können grundsätzlich zwei Arten von Fehlern unterschieden werden. Auf der einen Seite gibt es die so genannten formalen Fehler. Das sind Fehler wie in dem obigen Beispiel – also ein Befehl wird falsch geschrieben oder doppelt verwendet oder bei dem Text werden Anführungsstriche vergessen. Diese Fehler kann das Übersetzungsprogramm sehr gut finden. Auf der anderen Seite gibt es die so genannten logischen Fehler. Bei diesen Fehlern ist es so, dass das Programm übersetzt und gestartet werden kann, aber trotzdem nicht das macht, was der Programmierer will. Dann stimmt etwas mit der Programmlogik nicht. Diese Begriffe sind wahrscheinlich neu für dich und etwas schwer zu verstehen. Stell dir einfach vor, du schreibst einen Aufsatz für den Deutschunterricht. Die Rechtschreibfehler bei dem Aufsatz sind eher formale Fehler. Wenn der Inhalt des Aufsatzes nicht so richtig passt, dann ist es eher ein logischer Fehler.

2.5 Ein Programm speichern

Ein Programm für den Computer zu schreiben ist eine tolle Sache. Wenn es fehlerfrei startet und genau das macht, was man möchte. Dann kann man als Programmierer zufrieden sein. Aber was passiert mit dem Programm, wenn das Übersetzungsprogramm beendet und der Computer ausgeschaltet wird? Es ist für immer verschwunden. Beim nächsten Mal müsste der Programmierer das Programm erneut schreiben. Das wäre unheimlich mühsam. Deshalb gibt es die Möglichkeit, das Programm in einer Datei zu speichern. Das bedeutet, dass es auch nach dem Ausschalten des Computers noch vorhanden ist – und zwar als Datei auf der Festplatte des Computers. Das kann man gut damit vergleichen, dass man sich eine tolle Geschichte ausdenkt. Einige Tage später kann man sich nicht mehr so richtig an die Geschichte erinnern und man müsste sich (fast) alles neu ausdenken. Deshalb wäre es sinnvoll, die Geschichte sofort aufzuschreiben. Dann kann man sie jederzeit nachlesen und vergisst keine Details. So ähnlich ist es mit den Dateien auf der Festplatte des Computers. Der Benutzer eines Computers speichert seine *Geschichten* (also Programme) in Form von Dateien auf dem Computer.

Das Übersetzungsprogramm **ProLern** bietet deshalb die Möglichkeit, die Programme in Dateien zu speichern. Wie das funktioniert, wird an dem folgenden Beispiel Schritt für Schritt gezeigt.

Schritt 1: Ein Programm schreiben

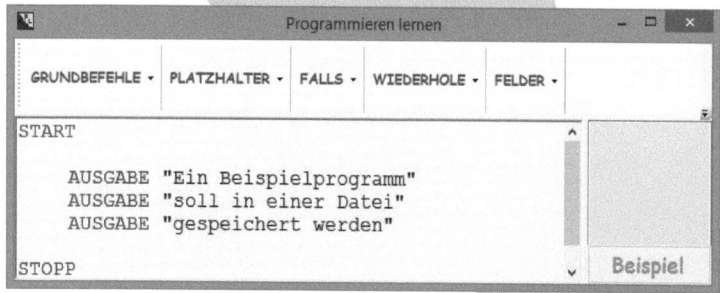

Schritt 2: Den ProLern-Speichern-Knopf drücken

Nach dem Drücken dieses Steuer-Knopfes öffnet sich ein neues Fenster. Dieses Fenster heisst "Programmierdatei speichern".

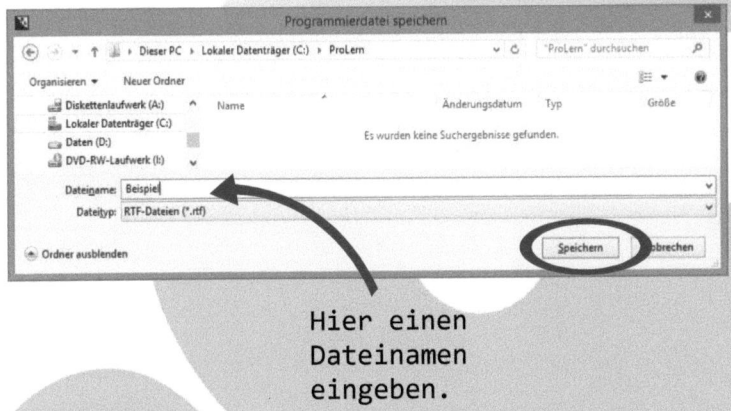

Hier einen
Dateinamen
eingeben.

Nun erscheint im unteren Drittel des Fensters ein weißer Bereich, vor dem „Dateiname" zu lesen ist. In dieses Feld schreibst du den Namen, den dein Programm erhalten soll – hier heisst das Programm *Beispiel*.

Schritt 3: Noch einmal einen Speichern-Knopf drücken

Nachdem ein Dateiname angegeben wurde, muss jetzt nur noch der Speichern-Knopf des "Programmierdatei speichern"-Fensters gedrückt werden. Danach ist das Programm gespeichert und man könnte den Computer ruhigen Gewissens ausschalten.

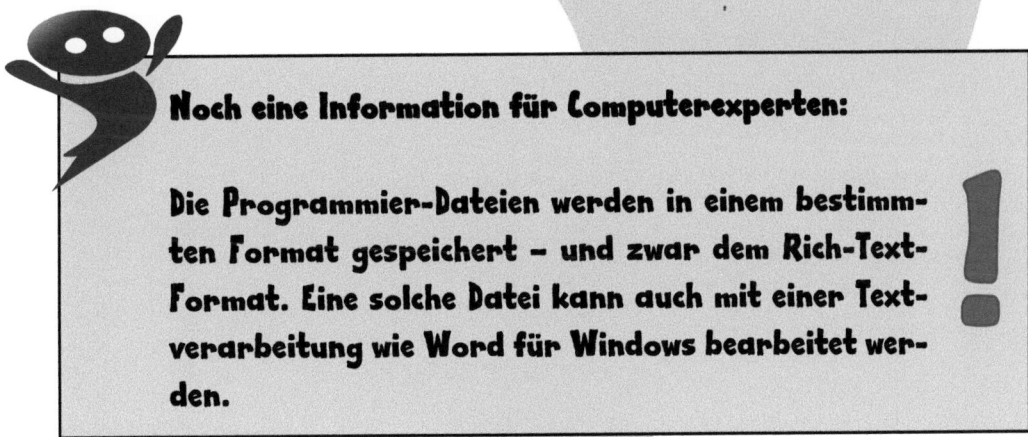

Noch eine Information für Computerexperten:

Die Programmier-Dateien werden in einem bestimmten Format gespeichert – und zwar dem Rich-Text-Format. Eine solche Datei kann auch mit einer Textverarbeitung wie Word für Windows bearbeitet werden.

2.6 Ein Programm laden

Nachdem klar ist, wie ein Programm in einer Datei gespeichert werden kann, geht es nun darum, wie ein Programm aus einer Datei gelesen bzw. geladen werden kann. Zuerst muss der Steuer-Knopf für das Laden gedrückt werden.

Anschliessend öffnet sich ein "Programmierdatei laden"-Fenster, welches eigentlich fast genauso wie das "Programmierdatei speichern"-Fenster aussieht.

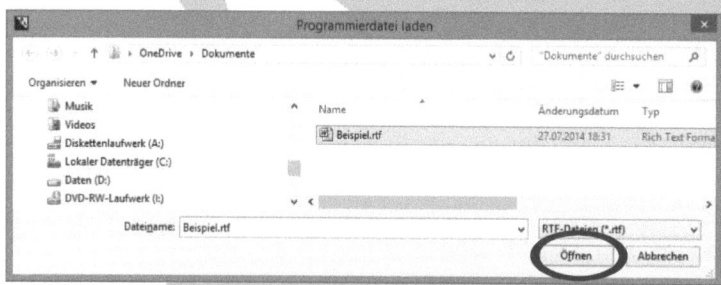

Im mittleren Bereich des Fensters, unter dem Wort *Name* sind die Dateinamen deiner gespeicherten Programme untereinander aufgelistet (hier finden wir nur ein gespeichertes Programm mit dem Dateinamen „Beispiel.rft"). Wähle ein Programm aus, indem du mit der Maus auf den Dateinamen klickst. Automatisch erscheint der Dateiname in dem unteren Feld *Dateiname*. Zum Schluss muss der Öffnen-Knopf gedrückt werden und die Programm-Datei wird geladen. Das Programm erscheint vollständig im Eingabebereich von *ProLern*.

2.7 Aufgaben

Nun wird es wirklich Zeit für einige praktische Aufgaben, damit du die vielen Informationen aus diesem Kapitel auch richtig verarbeiten und verstehen kannst.

2.7.1 Aufgabe 1: deine Adresse ausgeben

Schreibe ein Programm, das den folgenden Text auf dem Bildschirm ausgibt. Ersetze dabei den Namen *Max Mustermann* durch deinen Namen und die Adresse von *Max Mustermann* durch deine Adresse. Achte auch auf die Leerzeilen.

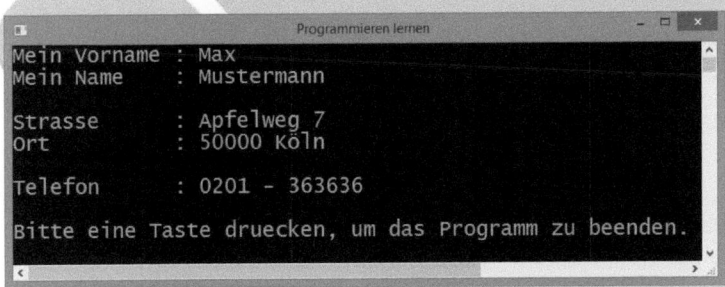

2.7.2 Aufgabe 2: Speichern und Laden

Speichere das Programm aus Aufgabe 1 unter dem Dateinamen "Visitenkarte" auf der Festplatte des Computers. Beende dann das Übersetzungsprogramm *ProLern* und starte es anschliessend neu. Lade nun die gespeicherte Datei wieder. Im Eingabebereich von *ProLern* sollte nun dein Visitenkarten-Programm erscheinen.

2.7.3 Aufgabe 3: Fehler beseitigen

Wenn du den Laden-Knopf drückst, erscheint das "Programmierdatei laden"-Fenster. Dort findest du einen Ordner *Buch-Dateien*. Klicke doppelt auf diesen Ordner, damit wechselst du in diesen Ordner. Wechsel dann in den Ordner *Aufgaben* und dann in den Unterordner *Kapitel 2*. Dort befindet sich die Datei *"Aufgabe_3_Fehler.rtf"*.

Lade diese Datei.

Nach dem Laden sollte es so aussehen:

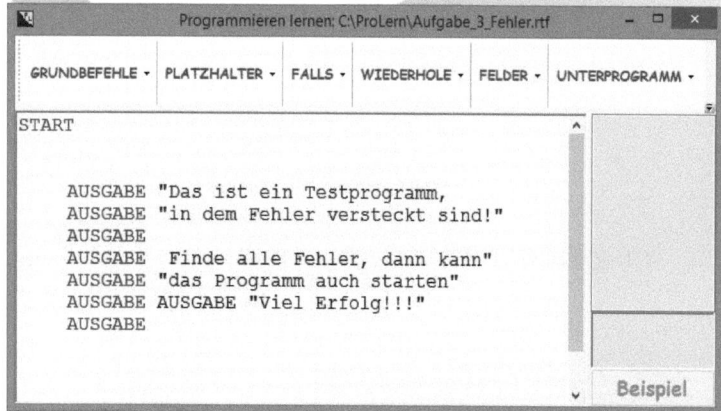

Starte das Programm. Es werden Fehler angezeigt. Beseitige die Fehler Schritt für Schritt.

Zusammenfassung!

 Das Übersetzungsprogramm *ProLern* übersetzt die Befehle deines Programms in die Maschinensprache und führt das übersetzte Programm aus.

 Mit dem AUSGABE-Befehl können Buchstaben, Zahlen und andere Zeichen auf den Bildschirm geschrieben werden.

 Das Übersetzungsprogramm erkennt die Fehler in deinem Programm und färbt alle fehlerhaften Zeilen rot. Diese Fehler musst du verbessern. Ist das Programm schliesslich fehlerfrei, werden beim nächsten Starten alle roten Zeilen wieder in den Normalzustand versetzt – es sei denn, es gibt weitere oder neue Fehler, die dann natürlich wieder rot gefärbt werden.

 Ein fertiges Programm sollte in einer Datei gespeichert werden, damit es auch noch vorhanden ist, wenn das Programm *ProLern* beendet wird.

 Gespeicherte Programme können immer wieder geladen werden.

Kapitel 3

Platzhalter

3.1 Was sind Platzhalter?

Platzhalter sind ganz wichtige Elemente bei der Programmierung. Alle Programme, die du schon kennst wie beispielsweise die Textverarbeitung WORD oder ein Programm zum Verschicken von E-Mails, benutzen sehr viele Platzhalter. Ohne Platzhalter könnte kein großes Programm funktionieren. Deshalb ist dieses Thema auch so wichtig für die Programmierung. Das Platzhalter-Prinzip gibt es aber nicht nur in der Programmierung, sondern auch in der Mathematik. Auch dort spielen die Platzhalter eine herausragende Rolle. Damit du erst einmal grundsätzlich verstehst, worum es bei einem Platzhalter geht, folgt ein Beispiel aus dem Mathematik-Unterricht, in dem ein Platzhalter verwendet wird.

$$3 + \square = 10$$

Du hast sicher schon erkannt, dass der Kasten stellvertretend für eine Zahl steht, also eine Art Platzhalter für eine Zahl ist. Noch schneller wirst du im Kopf berechnet haben, dass nur die Zahl 7 sinnvoll für den Platzhalter eingesetzt werden kann, damit die Gleichung richtig ist. Dem Platzhalter ist es allerdings egal, welche Zahl für ihn eingesetzt wird. Er ist ein Stellvertreter für beliebige Zahlen.

In der Programmierung arbeitet man natürlich nicht mit Kästen, sondern gibt Platzhaltern einen Namen. Ein Name kann dabei auch nur aus einem Buchstaben bestehen, beispielsweise aus dem Buchstaben x.

$$10 - x = 5$$

$$\downarrow$$

Platzhalter

Anstelle des Kastens ist nun der Platzhalter mit dem Namen x getreten. Wenn man für das x die Zahl 5 einsetzt, dann ist die Gleichung richtig. Man könnte für x aber auch eine beliebige andere Zahl einsetzen, beispielsweise 14, dann wäre die Gleichung allerdings nicht mehr richtig.

In der Programmierung benutzt man Platzhalter genau für einen solchen Zweck. Ein Platzhalter in einem Programm soll für eine bestimmte Zahl stehen. Man spricht auch davon, dass ein Platzhalter eine Zahl speichert. Im Laufe des Programms kann sich die Zahl, für die der Platzhalter steht aber auch ändern – also speichert der Platzhalter dann diese neue Zahl. Ganz besonders interessant ist es, wenn der Benutzer des Programms die Zahl, die der Platzhalter speichern soll, über die Tastatur eingeben kann und damit also mit dem Programm "sprechen" kann. Mithilfe der nächsten Beispiele wirst du das Prinzip der Platzhalter ganz schnell verstehen.

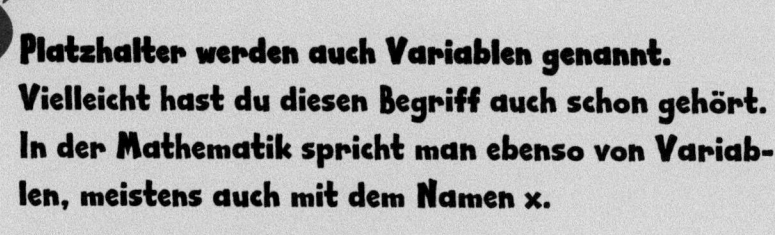

Platzhalter werden auch Variablen genannt. Vielleicht hast du diesen Begriff auch schon gehört. In der Mathematik spricht man ebenso von Variablen, meistens auch mit dem Namen x.

3.2   Ein erstes Programm mit Platzhalter

Nachdem du nun eine erste Vorstellung von Platzhaltern hast, wird dir ein Beispielprogramm das Platzhalter-Prinzip noch besser verständlich machen. Das Programm soll dir die Arbeit bei den Mathematik-Hausaufgaben erleichtern. Wenn du dem Programm eine Zahl über die Tastatur eingibst, dann soll das Programm automatisch das Doppelte und das Siebenfache dieser Zahl berechnen und auf dem Bildschirm ausgeben. Das Programm könnte so beschrieben werden:

```
Befehl Nr. 1:     START

Befehl Nr. 2:     Benutze einen Platzhalter
                  mit Namen x

Befehl Nr. 3:     SCHREIBE AUF BILDSCHIRM:
                  Bitte eine Zahl eingeben

Befehl Nr. 4:     ZAHLEINGABE in den
                  Platzhalter x

Befehl Nr. 5:     BERECHNE: Doppelte und
                  Siebenfache von x

Befehl Nr. 6:     SCHREIBE ERGEBNIS AUF
                  BILDSCHIRM

Befehl Nr. 7:     STOPP
```

Das fertige Programm könnte nach dem Starten so aussehen:

```
Programmieren lernen                              _  □  x
Bitte eine Zahl eingeben:
5
Das Doppelte: 10
Das Siebenfache: 35

Bitte eine Taste druecken, um das Programm zu beenden.
```

Das Besondere an diesem Programm ist, dass der Benutzer bei jedem Programm-start eine neue Zahl eingeben kann (und muss) und dass das Doppelte und Siebenfache immer wieder für diese neue Zahl berechnet werden. Das liegt an dem Platzhalter x, der die Zahl speichert, die der Benutzer eingibt.

Nun ist es Zeit den Befehl für einen Platzhalter kennenzulernen, damit die ersten echten Platzhalter-Programme geschrieben werden können.

3.3   Der Platzhalter-Befehl ZAHL

Der Computer unterscheidet klar zwischen Zahlen und Worten. Das ist auch sinnvoll, denn mit Zahlen kann gerechnet werden und Worte werden eigentlich nur geschrieben. Um einen Platzhalter für eine Zahl anzulegen, verwendet man den Befehl ZAHL gefolgt vom Namen des Platzhalters. Es ist allerdings darauf zu achten, dass der Platzhalter einen gültigen Namen bekommt. Dafür gibt es in der Programmierung eine klare Regel:

REGEL: Der Platzhaltername muss mit einem Buchstaben beginnen und darf danach auch Ziffern enthalten. Hier sind einige Beispiele für richtige und falsche Platzhalternamen:

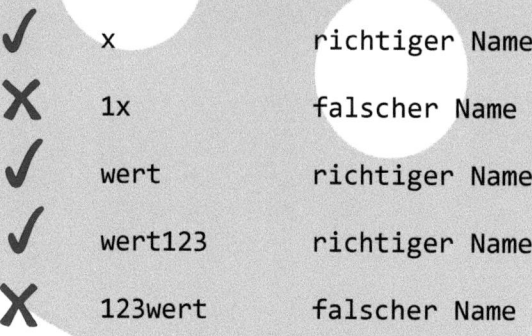

✓	x	richtiger Name
✗	1x	falscher Name
✓	wert	richtiger Name
✓	wert123	richtiger Name
✗	123wert	falscher Name

ACHTUNG: Um das Problem der Gross- und Kleinschreibung zu umgehen und um Verwirrung zu vermeiden, sollten Platzhalternamen immer mit kleinen Buchstaben geschrieben werden, damit sie sich von den Befehlen besser unterscheiden lassen. Beispielsweise ist der Platzhalter mit dem Namen Test ein anderer, als der Platzhalter mit dem Namen test.

Jetzt kommen wir endlich zum ersten echten Programm mit einem Platzhalter. Der Einfachheit halber nennen wir den Platzhalter **x**:

```
START
    ZAHL x
STOPP
```

Leider passiert noch nichts, denn der Platzhalter hat noch keine Zahl gespeichert. Es wäre doch sehr schön, wenn der Benutzer des Programms eine Zahl über die Tastatur eingeben könnte und die würde dann im Platzhalter gespeichert. Dafür gibt es einen neuen Befehl und zwar den Befehl ZAHLEINGABE.

3.4 Der Befehl ZAHLEINGABE

Nachdem ein Platzhalter angelegt wurde, kann der Benutzer über die Tastatur eine Zahl eingeben, die mit Hilfe des Befehls ZAHLEINGABE automatisch in dem Platzhalter gespeichert wird (hier heißt der Platzhalter x). Das könnte dann so aussehen:

```
START

   ZAHL x
   ZAHLEINGABE x

STOPP
```

Nach dem Einlesen einer Zahl kann man die in dem Platzhalter gespeicherte Zahl wieder auf dem Bildschirm ausgeben und zwar mit dem Befehl AUSGABE. Das ist doch richtig praktisch, oder?

Möchte man diesen Tipp umsetzen, könnte das Programm so aussehen:

```
START

   ZAHL x
   ZAHLEINGABE x
   AUSGABE x

STOPP
```

Dieses Programm wäre aber nicht besonders freundlich zu seinem Benutzer, weil es keinerlei Informationen anzeigt. Der Benutzer weiß gar nicht, dass er eine Zahl eingeben soll. Deshalb wird das Programm noch ein wenig ergänzt:

```
START
   ZAHL x
   AUSGABE "Bitte eine Zahl eingeben:"
   ZAHLEINGABE x
   AUSGABE "Danke. Die Zahl lautet:"
   AUSGABE x
   AUSGABE
STOPP
```

Dieses Programm erklärt dem Benutzer genau, was er tun soll – so sollte es eigentlich immer sein! Nachdem der Benutzer eine Zahl eingegeben hat, wird diese Zahl wieder auf dem Bildschirm angezeigt. Der Platzhalter hat die Zahl also gespeichert. Der AUSGABE-Befehl sorgt dann dafür, dass die im Platzhalter gespeicherte Zahl auf dem Bildschirm angezeigt wird. Nach dem Starten sieht das Programm dann so aus:

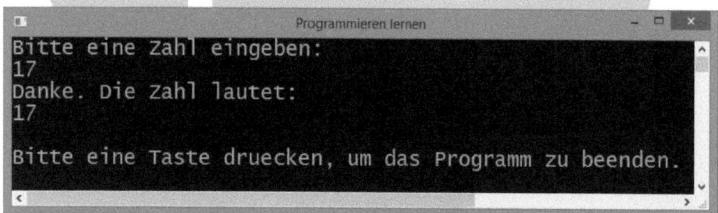

Wenn du bis jetzt alles verstanden hast, dann bist du auf deinem Weg zum Profi-Programmierer schon einen riesigen Schritt vorangekommen. Wenn dir das Platzhalter-Prinzip aber noch nicht so ganz klar ist, dann lies dieses Kapitel einfach noch einmal von Anfang an. Das ist nicht schlimm, denn das Platzhalter-Prinzip ist keine so leichte Angelegenheit! Du solltest das Thema „Platzhalter" aber unbedingt verstanden haben, um mit dem Programmieren weitere Fortschritte zu machen.

3.5   Der Platzhalter-Befehl WORT

Ein Platzhalter für ein Wort kann nur ein Wort oder auch mehrere Worte, also einen Satz, speichern. Das Wort kann natürlich auch Ziffern enthalten, aber es kann nicht damit gerechnet werden. Dies wird umso verständlicher, desto mehr man sich mit dem Programmieren angefreundet hat.

Um einen Platzhalter für ein Wort anzulegen, wird der Befehl WORT verwendet, gefolgt von dem Namen für diesen Platzhalter. Ein Beispiel für einen Wort-Platzhalter könnte so aussehen:

In dem Platzhalter n könnte beispielsweise der Name des Benutzers gespeichert werden. Man muss jetzt nur noch einen Befehl haben, der das Wort speichert, das der Benutzer über die Tastatur eingibt. Dieser Befehl ist natürlich vorhanden und ähnelt der Eingabe von Zahlen.

3.6 Der Befehl WORTEINGABE

Genauso wie der Befehl ZAHLEINGABE eine Zahl speichert, die der Benutzer eingibt, so speichert der Befehl WORTEINGABE ein Wort (oder mehrere Worte), das der Benutzer über die Tastatur eingegeben hat. Ein Beispiel für die Wort-Eingabe könnte so aussehen:

```
START

    WORT n
    WORTEINGABE n
    AUSGABE n

STOPP
```

Zuerst wird ein Platzhalter mit dem Namen n angelegt. Anschliessend werden über die Tastatur ein Wort (oder mehrere Worte) eingelesen, die dann in dem Platzhalter n gespeichert werden. Ebenso wie bei den Zahlen kann dann das eingegebene Wort mit dem Befehl AUSGABE auf den Bildschirm geschrieben werden. Das Beispielprogramm könnte nach dem Starten so aussehen:

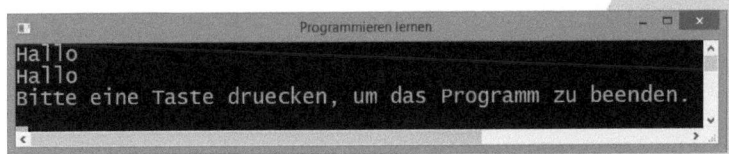

Das Beispiel demonstriert, wie eine Wort-Eingabe funktioniert. Aber so wie im ersten Beispiel (Eingabe einer Zahl), wird der Benutzer nicht informiert, was er zu tun hat. Das soll sich im folgenden Beispielprogramm ändern: Es zeigt, wie man dem Computer ein gutes Benehmen beibringen kann und dabei die eben erlernten Befehle benutzt. Das Programm soll dazu den Benutzer nach seinem Vornamen und seinem Alter fragen. Nachdem der Benutzer die Eingaben gemacht hat, wird er vom Computer freundlich begrüsst.

So sieht das Programm dazu aus:

```
START

    WORT vorname
    ZAHL alter

    AUSGABE "Wie heißt du bitte?"
    WORTEINGABE vorname

    AUSGABE "Und wie alt bist du?"
    ZAHLEINGABE alter

    AUSGABE "Hallo"
    AUSGABE vorname
    AUSGABE "du bist"
    AUSGABE alter
    AUSGABE "Jahre alt."
    AUSGABE "Herzlich willkommen!"

STOPP
```

Hier siehst du, dass die Platzhalternamen nicht mehr nur aus einem Buchstaben wie x oder n bestehen. Vielmehr wurden den Platzhaltern so genannte "sprechende" Namen gegeben. Das bedeutet, dass der Programmierer mit dem Platzhalternamen auch ausdrückt, was in dem Platzhalter gespeichert werden soll. Bei dem Platzhalter **alter** wird jeder Programmierer sofort wissen, dass in diesem Platzhalter eine Zahl gespeichert werden soll, die für das Alter des Benutzers steht. Dieses Prinzip solltest du bei deinen eigenen Programmen auch immer berücksichtigen.

So sieht das geänderte Programm nach dem Starten aus:

Einlesen in die Platzhalter

Ausgabe der Platzhalter

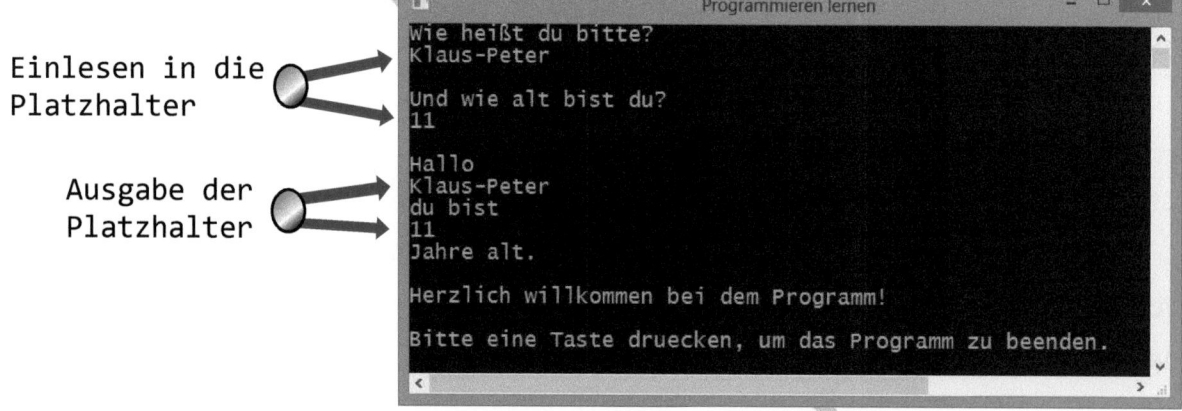

3.7 Aufgaben

3.7.1 Aufgabe 1: Fehler im Programm

Das folgende Programm enthält Fehler. Finde heraus, was nicht richtig ist.

```
START

    ZAHL a
    WORT b
    AUSGABE "Bitte eine Zahl eingeben:"
    ZAHLEINGABE b
    AUSGABE "Bitte ein Wort eingeben:"
    WORTEINGABE a
    AUSGABE a
    AUSGABE b

STOPP
```

3.7.2 Aufgabe 2: ein Begrüßungsprogramm

Schreibe ein Programm, welches nach dem Namen eines Benutzers fragt. Dieser Benutzername soll über die Tastatur eingegeben und in einem Platzhalter gespeichert werden. Mit diesem Namen soll der Computer einige Sätze auf den Bildschirm schreiben. Das Programm könnte so aussehen:

Zusammenfassung!

 Platzhalter sind Stellvertreter für Zahlen oder Worte. Im Programm speichern sie beliebige Zahlen oder Worte. Platzhalter werden auch *Variablen* genannt.

 Platzhalter haben einen eindeutigen Namen. Dabei gilt folgende Regel: Zuerst muss ein Buchstabe stehen, dann dürfen auch Ziffern oder wieder Buchstaben kommen. Die Buchstaben sollten kleingeschrieben sein.

 Platzhalter müssen durch Befehle vereinbart werden. Es gibt den ZAHL-Befehl und den WORT-Befehl. Damit können Platzhalter für Zahlen oder Worte angelegt werden.

 Durch die Befehle ZAHLEINGABE und WORTEINGABE können Zahlen und/oder Buchstaben über die Tastatur eingelesen werden und in Platzhaltern gespeichert werden.

 Der AUSGABE-Befehl kann auch Platzhalter ausgeben (bzw. die Zahlen und/oder Buchstaben, die die Platzhalter gespeichert haben).

Kapitel 4

Der Computer lernt rechnen

Der erste Schritt zur richtigen Programmierung ist getan. Wir haben den Umgang mit Platzhaltern gelernt. Nun kommt ein weiterer wichtiger Schritt: Wir werden dem Computer das Rechnen beibringen, denn man kann den Computer beispielsweise so wie einen Taschenrechner programmieren. Aber es ist natürlich auch noch viel mehr möglich. Zuerst wird dazu ein neuer Befehl eingeführt – der RECHNEN-Befehl.

4.1 Der RECHNEN-Befehl

Im letzten Kapitel haben wir gesehen, dass Platzhaltern ein Wert (z.B. eine Zahl oder ein Wort) über die Tastatureingabe zugewiesen werden kann. Nun sollen Platzhalter ihren Wert aber nicht mehr immer über die Tastatureingabe erhalten. Manchmal ist es auch sinnvoll, dass der Platzhalter einen Wert durch eine Berechnung erhält. Und genau dann sollte der RECHNEN-Befehl eingesetzt werden. Das folgende Beispiel verdeutlicht das:

```
START

    ZAHL ergebnis
    RECHNEN ergebnis = 15 + 10
    AUSGABE ergebnis

STOPP
```

Nach dem Starten sieht das Programm so aus:

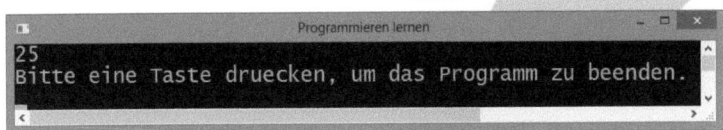

An dem Beispiel ist gut erkennbar, dass ergebnis ein Platzhalter ist. Dieser Platzhalter hat noch keinen Wert. Diesen erhält er erst, wenn der Computer die Aufgabe **15 + 10** löst. Dazu wird er durch den Befehl RECHNEN aufgefordert.

Dabei werden zwei neue Zeichen benutzt: das **Gleichheitszeichen** und das **Plus-Zeichen.** Du hast mit Sicherheit auf Anhieb erkannt, wie das zu verstehen ist. Aber trotzdem müssen diese neuen Zeichen erst einmal ausführlich besprochen werden.

4.2 Die Zuweisung

Im letzten Beispiel wurde in einem Platzhalter das Ergebnis einer Berechnung gespeichert. Man spricht in der Computerfachsprache dabei von einer **Zuweisung.** Eine Zuweisung bedeutet also, dass durch ein Gleichheitszeichen „=" in einem Platzhalter ein neuer Wert gespeichert wird. Dieser Wert kann auch das Ergebnis einer Rechnung sein. Das folgende Beispiel zeigt dir erst einmal einige Zuweisungen:

```
START

    ZAHL nummer
    WORT text

    RECHNEN nummer = 1
    RECHNEN text = "Hallo"
    AUSGABE "Nun kommt der Wert von nummer:"
    AUSGABE nummer
    AUSGABE "Nun kommt der Wert von text:"
    AUSGABE text

STOPP
```

Nach dem Starten des Programms erscheint diese Ausgabe:

```
Programmieren lernen                          –  □  x
Nun kommt der Wert von nummer:
1
Nun kommt der Wert von text:
Hallo
Bitte eine Taste druecken, um das Programm zu beenden.
```

Man sieht, dass durch die Zuweisungen (nummer = 1 und text = "Hallo") die Platzhalter nummer und text einen Wert bekommen haben. Dieser wird durch den AUSGABE-Befehl auf den Bildschirm geschrieben.

42

Wie lange behält ein Platzhalter eigentlich seinen Wert?

Ein Platzhalter behält seinen Wert, solange das Programm läuft. Wenn du eine Taste drückst, um das Programm zu beenden, dann werden auch alle Platzhalter aus dem Speicher des Computers entfernt. Erst beim nächsten Starten des Programms können die Platzhalter wieder mit Zahlen und/oder Buchstaben belegt werden. Während das Programm läuft, behält der Platzhalter aber immer den Wert der letzten Zuweisung.

Das folgende Beispiel zeigt die Änderung des Inhaltes eines Platzhalters im Laufe des Programms:

```
START

    ZAHL nummer
    RECHNEN nummer = 1
    AUSGABE "Erster Wert von nummer:"
    AUSGABE nummer

    AUSGABE "Bitte neuen Wert für nummer:"
    ZAHLEINGABE nummer
    AUSGABE "Neuer Wert von nummer:"
    AUSGABE nummer

    RECHNEN nummer = 5
    AUSGABE "Letzter Wert von nummer:"
    AUSGABE nummer

STOPP
```

Nach dem Starten des Programms erscheint diese Ausgabe:

```
Programmieren lernen                                    _ □ ×
Erster Wert von nummer:
1
Bitte einen neuen Wert für nummer:
7
Neuer Wert von nummer:
7
Letzter Wert von nummer:
5
Bitte eine Taste druecken, um das Programm zu beenden.
```

Hier ist gut zu erkennen, dass ein Platzhalter im Laufe eines Programms seinen Wert beliebig oft ändern kann. In komplizierteren Computerprogrammen ändern Platzhalter ihre Werte millionenfach ohne, dass der Benutzer irgendetwas davon merkt.

ACHTUNG! ACHTUNG!
Bei einer Zuweisung muss der Platzhalter immer links von dem Gleichheitszeichen stehen. In der Mathematik wäre das egal, aber beim Programmieren ist es ganz wichtig.
RICHTIG: zahl = 10
FALSCH: 10 = zahl

4.3 Mit Zahlen rechnen

Mit dem Beispiel für Zuweisungen wurde bereits das erste Rechnen mit Zahlen gezeigt. Das ist natürlich nur der Anfang. Du wirst staunen, was der Computer alles berechnen kann. Vorher müssen wir uns allerdings anschauen, nach welchen Regeln der Computer rechnet und vor allem, mit welchen Rechenzeichen er arbeitet. Zum Glück arbeitet der Computer so, wie wir es aus dem Mathematikunterricht gewohnt sind. Die Rechenzeichen für den Computer sehen so aus:

+ Addieren (Plusrechnen)

− Subtrahieren (Minusrechnen)

X Multiplizieren (Malnehmen)

/ Dividieren (Teilen)

( ) Klammern

Damit unterscheiden sich das Malnehmen- und das Teilen-Zeichen etwas von dem, was du aus der Schule gewohnt bist. Neben der Regel, dass Punkt- vor Strichrechnung gilt, werden Rechnungen in Klammern immer zuerst ausgeführt. Damit du das Rechnen mit Zahlen gut verstehst, werden jetzt erst einmal einige Beispiele dazu gezeigt.

Beispielprogramm für Rechnungen:

```
START

    ZAHL ergebnis
    RECHNEN ergebnis = 10 + 20
    AUSGABE "Ergebnis von 10 + 20 lautet:"
    AUSGABE ergebnis

    RECHNEN ergebnis = 3 * 7 + 20
    AUSGABE "Ergebnis von 3 * 7 + 20 lautet:"
    AUSGABE ergebnis

    RECHNEN ergebnis = (15 - 6) / 3
    AUSGABE "Ergebnis von (15 - 6) / 3 lautet:"
    AUSGABE ergebnis

STOPP
```

Schauen wir uns die Rechnungen genau an: In der ersten Aufgabe werden einfach 10 und 20 addiert und dem Platzhalter ergebnis zugewiesen. In der zweiten Rechnung wird zuerst die Multiplikation (also 3 * 7) berechnet und dann die Zahl 20 hinzuaddiert. In der dritten Rechnung muss zuerst die Subtraktion (15 - 6) in der Klammer berechnet werden und dieses Ergebnis wird anschliessend durch 3 geteilt. Nach dem Starten sieht unser Beispielprogramm so aus:

```
Programmieren lernen
Ergebnis von 10 + 20 lautet:
30
Ergebnis von 3 * 7 + 20 lautet:
41
Ergebnis von (15 - 6) / 3 lautet:
3
Bitte eine Taste druecken, um das Programm zu beenden.
```

4.3.1 Zwischenübung

Bevor es weitergeht, teste deine Rechenkünste mit dieser kleinen Übung und vergleiche anschliessend deine Lösungen mit unseren Ergebnissen unten, rechts in der Box.

Berechne bitte mal:

33 + 7 - 4 =

(22 + 8) / 10 =

3 * 4 + 8 / 2 =

4 + 3 * (2 + 3) =

Die Lösungen: 36, 3, 16, 19

Nach diesen schon etwas komplizierten Rechnungen wird es nun richtig spannend. Wir werden ein Programm schreiben, das man gut für die Mathematik-Hausaufgaben benutzen könnte. Dazu muss allerdings zuerst das Rechnen mit Platzhalter-Werten besprochen werden.

4.4 Rechnen mit Platzhalter-Werten

Bei den bisherigen Rechnungen wurde mit Zahlen gerechnet und das Ergebnis dann einem Platzhalter zugewiesen. Genauso gut kann man aber auch mit den Werten der Platzhalter rechnen und das macht die Berechnungen noch viel interessanter.

```
START

    ZAHL x
    ZAHL ergebnis

    AUSGABE "Bitte eine Zahl für x eingeben"
    ZAHLEINGABE x

    RECHNEN ergebnis = 10 * x
    AUSGABE ergebnis

    AUSGABE "Der Wert des Platzhalters x:"
    AUSGABE x

STOPP
```

Nach dem Programmstart erscheint folgende Ausgabe:

```
Programmieren lernen                        –  □  ×
Bitte eine Zahl
für Platzhalter x eingeben:
5
Das Ergebnis der Rechnung:
50

Der Wert des Platzhalters x:
5

Bitte eine Taste druecken, um das Programm zu beenden.
```

MERKEN: In einem Programm erhält ein Platzhalter einen Wert, z.B. eine Zahl. Diesen Wert *merkt* sich der Platzhalter auch während einer Berechnung, d.h. während der Computer den Befehl RECHNEN ausführt. Der Wert des Platzhalters bleibt unverändert! Ihn kann man nur durch eine Zuweisung ändern – nicht durch die Benutzung in einer Rechnung (x behält also seinen Wert)!

Mit diesen neuen Erkenntnissen können wir nun das richtig spannende Problem aus dem Mathematikunterricht angehen: die automatische Reihenberechnung.

Im Mathematikunterricht sollte jede Schülerin und jeder Schüler das 1*1 der Zahlen von 1 bis 10 beherrschen. Beispielsweise sieht die Reihe für die Zahl 3 so aus:

3   6   9   12   15   18   21   24   27   30

Zuerst liest das Programm die Zahl ein, für die die Reihe berechnet werden soll und anschliessend schreibt der Computer die Reihe auf den Bildschirm.

```
START

    ZAHL x
    ZAHL ergebnis
    AUSGABE "Welche Reihe? Bitte eingeben:"
    ZAHLEINGABE x

    AUSGABE "Hier kommt nun die Reihe:"
    AUSGABE
    RECHNEN ergebnis = 1 * x
    AUSGABE ergebnis
    RECHNEN ergebnis = 2 * x
    AUSGABE ergebnis
    RECHNEN ergebnis = 3 * x
    AUSGABE ergebnis
    RECHNEN ergebnis = 4 * x
    AUSGABE ergebnis
    RECHNEN ergebnis = 5 * x
    AUSGABE ergebnis
    RECHNEN ergebnis = 6 * x
    AUSGABE ergebnis
    RECHNEN ergebnis = 7 * x
    AUSGABE ergebnis
    RECHNEN ergebnis = 8 * x
    AUSGABE ergebnis
    RECHNEN ergebnis = 9 * x
    AUSGABE ergebnis
    RECHNEN ergebnis = 10 * x
    AUSGABE ergebnis
    AUSGABE

STOPP
```

Nach dem Starten berechnet der Computer für uns die Reihe einer gewünschten Zahl:

```
welche Reihe? Bitte eingeben:
3
Hier kommt nun die Reihe:

3
6
9
12
15
18
21
24
27
30

Bitte eine Taste druecken, um das Programm zu beenden.
```

4.5   Mit Worten rechnen

Mit Worten rechnen? Das hört sich natürlich erst einmal sehr merkwürdig an und richtig rechnen kann man mit Worten auch nicht. Aber es ist möglich, mehrere Worte oder Platzhalter für Worte zusammen zu fügen. Beispielsweise wird aus dem Wort "Programmieren" und dem Wort "lernen" durch Addition das Wort "Programmierenlernen". Hier wäre es natürlich schöner, wenn noch ein Leerzeichen zwischen die Worte eingefügt würde.

Merken: Subtrahieren, Multiplizieren und Dividieren kann man mit Worten aber nicht.

Das folgende Beispiel zeigt eine Addition von Worten:

```
START

    WORT eins
    WORT zwei
    WORT drei
    RECHNEN eins = "Das "
    RECHNEN zwei = "ist "
    RECHNEN drei = eins + zwei + "toll!"
    AUSGABE drei
    AUSGABE

STOPP
```

Die beiden Worte der Platzhalter eins und zwei werden addiert und zusätzlich noch ein Text ("toll!") hinzugefügt. Diese ganze Zusammenfügung wird in dem Platzhalter drei gespeichert, der dann auf den Bildschirm geschrieben wird.

Nach dem Programmstart erscheint dieses Fenster:

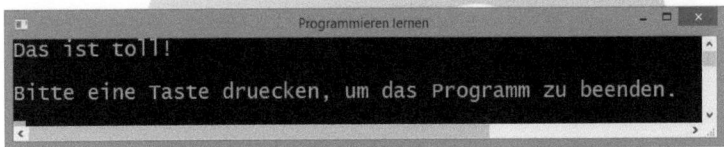

4.6   Aufgaben

4.6.1 Aufgabe 1: das Doppelte und das Siebenfache

Am Anfang des dritten Kapitels wurde ein Beispiel für eine Rechnung dargestellt. Von einer eingegebenen Zahl sollten das Doppelte und das Siebenfache berechnet und dann auf dem Bildschirm ausgegeben werden. Setze nun das Problem in einem Programm um. Die Ausgabe sollte so aussehen:

```
Bitte eine Zahl eingeben:
4
Das Doppelte:
8

Das Siebenfache:
28

Bitte eine Taste druecken, um das Programm zu beenden.
```

4.6.2 Aufgabe 2: ein kleiner Taschenrechner

Schreibe ein Programm, welches zwei Zahlen addieren und multiplizieren kann. Dazu soll der Benutzer die erste und die zweite Zahl eingeben, das Programm addiert die beiden Zahlen und gibt das Ergebnis auf dem Bildschirm aus. Danach multipliziert das Programm die beiden Zahlen und gibt das Ergebnis ebenfalls auf dem Bildschirm aus.

Wenn das Programm fertig ist, könnte es so aussehen:

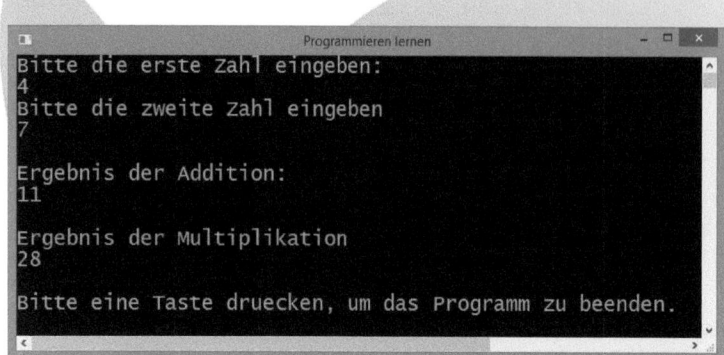

4.6.3 Aufgabe 3: ein Satzverdreher

Schreibe ein Programm, welches einen Benutzer bittet, drei Worte einzugeben und anschliessend verschiedene Sätze aus diesen Worten bildet. Das bedeutet, dass die Worte immer an einer anderen Stelle stehen sollen. Das fertige Programm könnte so aussehen:

```
Bitte das erste Wort eingeben:
Programmieren

Bitte das zweite Wort eingeben:
ist

Bitte das dritte Wort eingeben:
toll

Das ist dein erster Satz:
Programmieren ist toll

Das ist dein zweiter Satz:
Programmieren toll ist

Das ist dein dritter Satz:
toll ist Programmieren

Bitte eine Taste druecken, um das Programm zu beenden.
```

Zusammenfassung!

* Der Computer kann mit Zahlen und sogar mit Worten rechnen.

* Das Rechnen mit Zahlen ist so, wie man es aus dem Mathematikunterricht gewohnt ist. Folgende Rechenzeichen werden benutzt: Addition = + , Subtraktion = - , Multiplikation = * , Division = /.

* Das Rechnen mit Worten ist hingegen auf die Addition beschränkt. Worte können nur zusammengefügt werden.

* Alle Berechnungen müssen mit dem RECHNEN-Befehl eingeleitet werden.

* Einem Platzhalter können die Ergebnisse einer Berechnung zugewiesen werden – und zwar mit dem Gleichheitszeichen "=". Der Platzhalter muss immer links von dem Gleichheitszeichen stehen!

* **SEHR WICHTIG**: Wird ein Platzhalter in einer Berechnung benutzt, so gibt er nur seinen Wert für die Berechnung, ändert ihn aber nicht.

Kapitel 5

Programme beginnen zu denken

5.1 Der Computer soll denken lernen

Bei den bisherigen Programmen wurden die Befehle alle hintereinander ausgeführt. Dabei wurde kein Befehl ausgelassen. Das ist gut so. Andererseits wäre es auch schön, wenn man die Ausführung von Befehlen besser steuern könnte – also manche Befehle nur dann ausführen lässt, wenn eine bestimmte Bedingung erfüllt ist.

Ein Beispiel: Ein Programm fragt den Benutzer nach seinem Alter. Je nachdem, welches Alter der Benutzer hat, soll das Programm eine Bildschirmausgabe machen. Ist der Benutzer jünger als 10 Jahre, dann soll dieser Text ausgegeben werden: „Oh, du bist aber noch ein junger Benutzer". Ist der Benutzer aber 10 Jahre oder älter, dann soll dieser Text ausgegeben werden: „Aha, du bist schon ein erfahrener Benutzer".

Das Programm muss also einen Vergleich anstellen. Wenn das Alter des Benutzers kleiner als 10 ist, dann soll ein bestimmter Text erscheinen. Ist es hingegen 10 oder grösser, dann soll ein anderer Text geschrieben werden. Ein solcher Vergleich kann mit dem FALLS-Befehl durchgeführt werden.

```
START

    ZAHL alter

    AUSGABE "Bitte das Alter eingeben:"
    ZAHLEINGABE alter

    FALLS alter < 10

        AUSGABE "Oh, du bist aber"
        AUSGABE "noch ein junger Benutzer"

    ENDE

STOPP
```

5.2 Der FALLS-Befehl

Der FALLS-Befehl überprüft einen angegebenen Vergleich. Wenn dieser Vergleich richtig ist, dann werden weitere Befehle ausgeführt.

Nun testen wir das Programm einmal mit einer Alterseingabe, die unter 10 liegt:

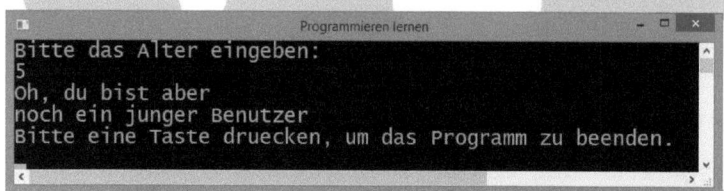

Das Programm vergleicht die Eingabe mit der Bedingung und erkennt, dass das eingegebene Alter kleiner als 10 ist und führt deshalb die AUSGABE-Befehle aus. Nun wird ein höheres Alter eingegeben:

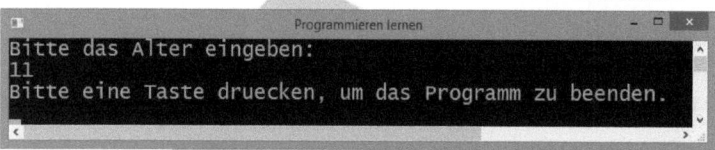

Bei der Eingabe einer höheren Zahl (wie der 11) wird kein AUSGABE-Befehl ausgeführt. Aber was geschieht, wenn der Benutzer genau 10 eingibt?

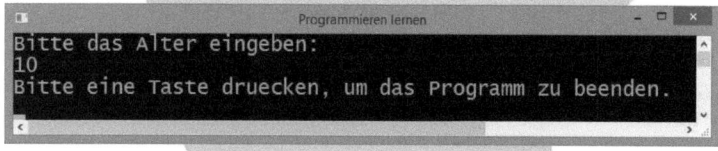

Es findet ebenso keine Ausgabe statt. Das ist auch richtig so, denn 10 ist nicht kleiner als 10, sondern gleich.

Nach diesen ersten Eindrücken müssen wir den FALLS-Befehl noch einmal ganz genau betrachten:

Der FALLS-Befehl leitet einen Vergleich ein

Direkt nach dem FALLS-Befehl wird der Vergleich geschrieben

Nun kommen die Befehle, die ausgeführt werden sollen, wenn der Vergleich stimmt.

Der ENDE-Befehl beendet den FALLS-Befehl

MERKEN: Die Befehle zwischen FALLS und ENDE werden wirklich nur ausgeführt, wenn der Vergleich richtig ist.

Im Beispiel hast du bestimmt gesehen, dass die Befehle zwischen FALLS und ENDE mit dem Tabulator eingerückt wurden. Das ist nicht unbedingt nötig, aber man kann das Programm dadurch viel leichter lesen. Übrigens machen alle Profi-Programmierer das auch so. Vor einigen weiteren Überlegungen und Beispielen zum FALLS-Befehl müssen wir zuerst einmal klären, was ein Vergleich ist und wie man einen Vergleich in der Programmiersprache verwenden kann.

5.3 Vergleiche mit Zahlen anstellen

Mit einem Computerprogramm kann man nicht alle möglichen Vergleiche anstellen. Beispielsweise kann der Computer solche Vergleiche nicht verstehen:

Heute fühle ich mich besser als gestern

Die Mathematikarbeit war schwerer als sonst

Die Sommerferien waren schöner als die Osterferien

Damit kann der Computer nichts anfangen. Er braucht immer einen Vergleich, den er auf richtig oder falsch überprüfen kann. Damit er die Richtigkeit überprüfen kann, muss der Vergleich aber in einer ganz bestimmten Form geschrieben sein. Die folgende Übersicht zeigt, wie ein Vergleich mit Platzhaltern, Vergleichssymbole sowie Zahlen aufgebaut werden kann:

Zahl	< > = != <= >=	Zahl	
Platzhalter	< > = != <= >=	Zahl	
Zahl	< > = != <= >=	Platzhalter	
Platzhalter	< > = != <= >=	Platzhalter	

Das obige Bild zeigt die Möglichkeiten, die wir haben, um Zahlen und Platzhalter zu vergleichen. Der Vergleich selbst wird durch das entsprechende Symbol festgelegt. Die 6 Symbole, die oben aufgeführt sind, dürfen immer nur einzeln benutzt werden.

Die einzelnen Symbole bedeuten:

<   Kleiner-Vergleich:

Hier wird geprüft, ob ein Wert kleiner als der andere ist.

>   Grösser-Vergleich:

Hier wird geprüft, ob ein Wert grösser als der andere ist.

<=   Kleiner-gleich-Vergleich:

Hier wird geprüft, ob ein Wert kleiner als der andere oder gleich dem anderen ist.

>=   Grösser-gleich-Vergleich:

Hier wird geprüft, ob ein Wert grösser als der andere oder gleich dem anderen ist.

=   Gleichheits-Vergleich:

Hier wird geprüft, ob ein Wert gleich dem anderen ist.

!=   Ungleich-Vergleich:

Hier wird geprüft, ob ein Wert ungleich dem anderen ist.

5.3.1 Zwischenübung

Nach dieser ganzen Theorie haben wir eine kleine Zwischenübung für dich vorbereitet.

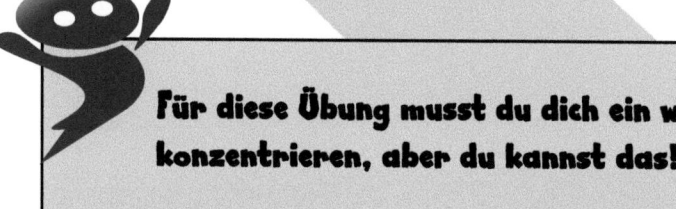

Für diese Übung musst du dich ein wenig konzentrieren, aber du kannst das!

Die Lösung: Der 1., 3., und 6. Vergleich sind richtig.

Überlege, ob der angegebene Vergleich richtig oder falsch ist.

```
START

    ZAHL eins
    ZAHL zwei
    RECHNEN eins = 10
    RECHNEN zwei = 20
    FALLS eins =  10
        AUSGABE "1. Vergleich ist richtig!"
    ENDE
    FALLS eins > zwei
        AUSGABE "2. Vergleich ist richtig!"
    ENDE
    FALLS zwei >= 20
        AUSGABE "3. Vergleich ist richtig!"
    ENDE
    FALLS 5 > eins
        AUSGABE "4. Vergleich ist richtig!"
    ENDE
    FALLS 20 != zwei
        AUSGABE "5. Vergleich ist richtig!"
    ENDE
    FALLS eins + zwei >= 30
        AUSGABE "6. Vergleich ist richtig!"
    ENDE

STOPP
```

5.4 Vergleiche mit Worten anstellen

Mit Worten können nicht so viele Vergleiche angestellt werden wie mit Zahlen; eigentlich sogar nur zwei Vergleiche und zwar die Vergleiche auf Gleichheit oder Ungleichheit von Worten. Aber Vergleiche von Worten kommen auch nicht so häufig vor. Das folgende Beispiel zeigt einen Vergleich mit Worten:

```
START

    WORT a
    WORT b

    AUSGABE "Bitte ein Wort eingeben:"
    WORTEINGABE a
    AUSGABE

    AUSGABE "Bitte noch ein Wort eingeben:"
    WORTEINGABE b
    AUSGABE
```

```
      FALLS a = b
              AUSGABE "Die Worte sind gleich!"
      ENDE

      FALLS a != b
          AUSGABE "Die Worte sind ungleich!"
      ENDE

      STOPP
```

Nach dem Starten sieht der Computerbildschirm so aus:

```
Bitte ein Wort eingeben:
Hallo

Bitte noch ein Wort eingeben:
Hallo

Die Worte sind gleich!
Bitte eine Taste druecken, um das Programm zu beenden.
```

ACHTUNG: Wenn du aus Versehen am Ende des Wortes ein Leerzeichen eingibst, dann wird auf dem Bildschirm zu lesen sein: „Die Worte sind ungleich!", obwohl du meinst, dass die Worte genau gleich aussehen. Aber für den Computer ist das Leerzeichen auch ein „Buchstabe" und somit ist für ihn die Bedingung **a != b erfüllt.**

```
Bitte ein Wort eingeben:
Hallo

Bitte noch ein Wort eingeben:
Hallo

Die Worte sind ungleich!
Bitte eine Taste druecken, um das Programm zu beenden.
```

5.5   Und sonst?

Was passiert eigentlich, wenn der Vergleich nicht stimmt?

Nichts – auf jeden Fall bis jetzt. Aber nun lernst du den SONST-Befehl kennen und dieser Befehl macht eigentlich genau das, was sein Name sagt. Er führt genau dann Befehle aus, wenn der Vergleich nicht stimmt. Der SONST-Befehl kann immer nur dann angewendet werden, wenn vorher ein FALLS-Befehl verwendet wurde. Ausserdem bezieht sich der SONST-Befehl auch nur auf den vorangegangen

Vergleich des FALLS-Befehls. Das folgende Beispiel zeigt dir, wie der neue Befehl verwendet werden kann:

```
START

    ZAHL x
    AUSGABE        "Bitte genau die"
    AUSGABE        "Zahl 5 eingeben:"
    ZAHLEINGABE x

    FALLS x = 5
        AUSGABE    "Sehr gut, die Zahl 5!"
    ENDE
    SONST
        AUSGABE    "Hallo, du solltest
        AUSGABE    "eine 5 eingeben!"
    ENDE

STOPP
```

Wenn der Benutzer eine 5 eingibt, dann wird er gelobt. Tut er das nicht, dann reagiert der Computer etwas unfreundlicher. Er erkennt durch den SONST-Befehl, dass er genau dann diesen Text schreiben muss, wenn der Vergleich des vorhergehenden FALLS-Befehls nicht richtig ist.

```
Programmieren lernen                    - □ x
Bitte genau die
Zahl 5 eingeben:
5
Sehr gut, die Zahl 5!
Bitte eine Taste druecken, um das Programm zu beenden.
```

Auf dem Computerbildschirm könnte auch folgendes stehen:

```
Programmieren lernen                    - □ x
Bitte genau die
Zahl 5 eingeben:
7
Hallo, du solltest eine 5 eingeben!
Bitte eine Taste druecken, um das Programm zu beenden.
```

Weil es so wichtig ist, werden die Besonderheiten des FALLS-Befehls und des SONST-Befehls noch einmal dargestellt:

✳ Ein FALLS-Befehl kann alleine stehen und wird mit dem ENDE-Befehl abgeschlossen.

Ein SONST-Befehl kann nicht alleine stehen, sondern immer nur direkt nach einem FALLS-Befehl. Der SONST-Befehl bezieht sich auch nur auf diesen vorhergehenden FALLS-Befehl.

 Der SONST-Befehl wird auch mit einem ENDE-Befehl abgeschlossen.

 Zwischen einem FALLS-Befehl und dem dazugehörigen ENDE-Befehl können beliebig viele Befehle stehen.

 Zwischen einem SONST-Befehl und dem dazugehörigen ENDE-Befehl können ebenfalls beliebig viele Befehle stehen.

 Nur nach einem FALLS-Befehl darf ein Vergleich stehen.

5.6 Im Falle eines FALLS

Wenn der Vergleich eines FALLS-Befehls richtig ist, dann werden alle Befehle zwischen FALLS und ENDE ausgeführt. Diese Befehle können natürlich wieder ein FALLS und ein ENDE sein - damit lernt ein Programm in mehreren Stufen zu denken und kommt dem menschlichen Denken noch näher, denn Menschen denken manchmal sehr kompliziert und in vielen Stufen. Du hast möglicherweise schon von den modernen Schachcomputern gehört, die so gut sind, dass sie die Grossmeister im Schach schlagen können. Schach ist ein ungeheuer kompliziertes Spiel und gute Spieler denken viele Züge im Voraus. Der Computer muss dann auch im Voraus denken und das geschieht unter anderem durch viele Vergleiche, die in Stufen aufgebaut sind.

 Bei einem der großen Schachcomputer werden in einer Sekunde ungefähr 200 Millionen Züge berechnet. Das ist fast unvorstellbar. Und trotzdem sind die Menschen im Schach immer noch besser als die meisten dieser Computer, aber das kann sich natürlich irgendwann ändern.

Die einfachste Form eines FALLS-Befehls in einem FALLS-Befehl kann beispielsweise so aussehen:

```
START

    ZAHL x
    AUSGABE "Bitte eine hohe Zahl eingeben:"
    ZAHLEINGABE x

    FALLS x > 1000
        AUSGABE "Gut, eine hohe Zahl!"

        FALLS x > 50000
            AUSGABE "Sogar sehr hoch!"
        ENDE

    ENDE

    SONST
        AUSGABE    "Die Zahl ist aber nicht hoch!"
    ENDE

STOPP
```

Der Benutzer wird aufgefordert, eine Zahl einzugeben. Wenn er eine Zahl eingibt, die grösser als 1000 ist, dann werden die Befehle nach dem ersten FALLS ausgeführt. Nun wird mit einem zweiten FALLS geprüft, ob die Zahl sogar höher als 50000 ist. Wenn das der Fall ist, dann wird eine zusätzliche Textzeile auf den Bildschirm geschrieben. Der SONST-Befehl wird dann ausgeführt, wenn die Zahl nicht grösser als 1000 ist. Nach dem Starten des Programms werden nun verschiedene Eingaben getestet. Die Zahl 50 ist kleiner als 1000 und deshalb bemängelt der Computer zu Recht die Eingabe:

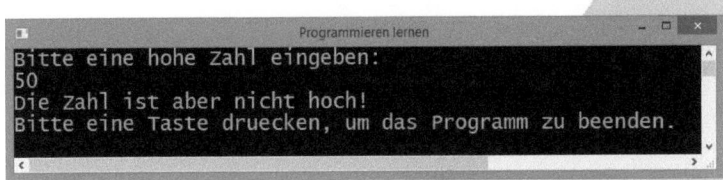

Die Zahl 1500 wird eingegeben:

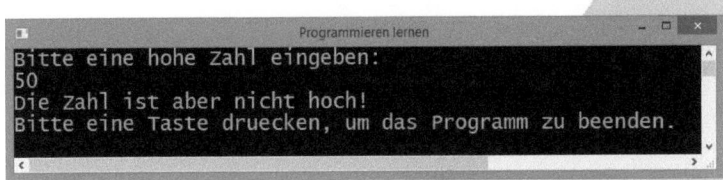

Mit der Zahl 60000 wird eine sehr hohe Zahl eingegeben. Der Computer erkennt, dass die Zahl grösser als 1000 und auch, dass die Zahl grösser als 50000 ist.

```
Programmieren lernen                               _ □ ×
Bitte eine hohe Zahl eingeben:
60000
Gut, eine hohe Zahl!
Sogar sehr hoch!
Bitte eine Taste druecken, um das Programm zu beenden.
```

Das obige Programmbeispiel zeigt, wie zwei FALLS-Befehle hintereinander verwendet werden, d.h. hier arbeitet der Computer bereits mit zwei („Denk"-) Stufen. Es ist selbstverständlich möglich noch weitere Stufen zu programmieren. In jedem FALLS-Befehl kann ja wieder ein FALLS-Befehl stehen und in diesem steht dann wieder ein FALLS-Befehl und immer so weiter. In den meisten Programmen kommt man mit zwei bis drei Stufen aus, aber theoretisch sind sehr viele Stufen möglich, wie das folgende Beispiel zeigen möchte:

```
START

    ZAHL x
    ZAHL y

    AUSGABE "Bitte die erste Zahl eingeben:"
    ZAHLEINGABE x

    AUSGABE "Bitte die zweite Zahl eingeben:"
    ZAHLEINGABE y

    FALLS x > y
        FALLS x + y = 100
            FALLS x * y < 2100
                FALLS x * y > 1900
                    AUSGABE "SUPER!"
                ENDE
            ENDE
        ENDE
    ENDE

STOPP
```

Das ist schon ganz schön kompliziert. Hier werden 4 FALLS-Befehle ineinander verschachtelt. Die Ausgabe "SUPER!" kann nur erfolgen, wenn die beiden eingegebenen Zahlen jeden einzelnen Vergleich bestehen. Das können nur ganz bestimmte Zahlen erreichen.

**Überlege doch einmal, welche beiden Zahlen alle Be-
dingungen erfüllen können?**

Hast du die beiden Zahlen gefunden?

Die Lösung: 71 und 29, 72 und 28,
73 und 27, 74 und 26.

Das war nun wirklich kompliziert. Wenn du die beiden Zahlen nicht gefunden
hast, dann ist das nicht schlimm. Es ist nur wichtig, dass du verstanden hast,
dass FALLS-Befehle innerhalb von FALLS-Befehlen stehen können.

In der Computerfachsprache nennt man FALLS-Befehle, die in mehreren Stufen
vorkommen auch **Verschachtelung von Befehlen** oder **verschachtelte Befehle**. Die
folgende Grafik soll dieses Prinzip veranschaulichen:

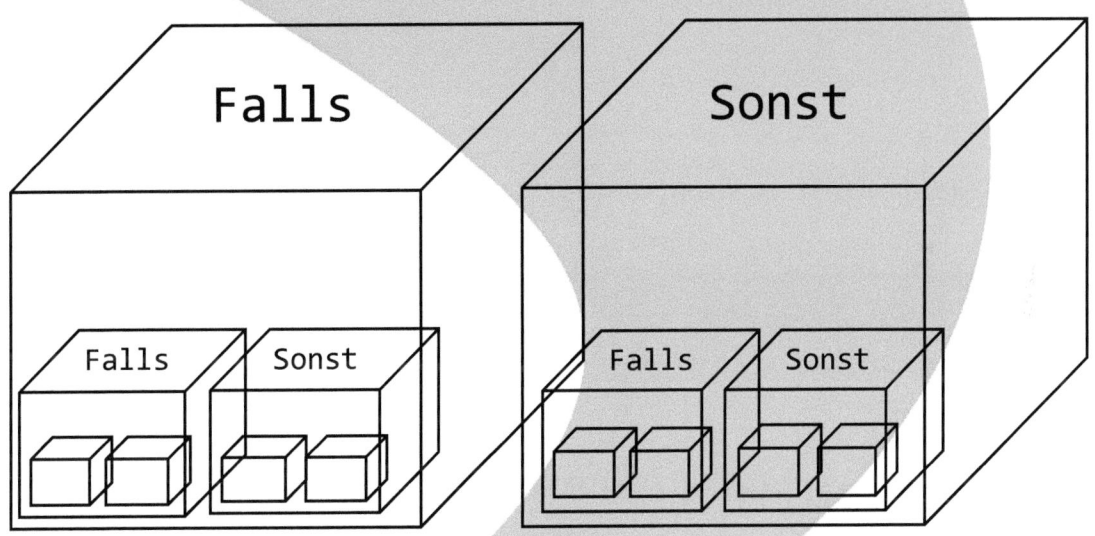

Im folgenden Unterkapitel geht es um weitere Besonderheiten bei Vergleichen,
wodurch manchmal die Stufen bei den FALLS-Befehlen vermeiden werden können.

5.7 Vergleiche mit UND / ODER

Bei einem Vergleich konnten wir bisher entweder Zahlen oder Platzhalter miteinander vergleichen. Manchmal ist es aber sinnvoll, dass der Vergleich noch etwas mehr kann. Das folgende Beispiel zeigt dir die Problematik. Ein Benutzer soll eine Zahl eingeben und es soll geprüft werden, ob die Zahl zwischen 1 und 10 liegt. Mit einer Verschachtelung der FALLS-Befehle könnte man dieses Problem auch lösen, aber es geht auch anders:

```
START

    ZAHL x
    AUSGABE "Bitte eine Zahl eingeben:"
    ZAHLEINGABE x

    FALLS x >= 1 UND x <= 10
        AUSGABE "Richtig: Zahl zwischen 1..10"
    ENDE

    SONST
        AUSGABE "Falsch: Zahl ist nicht"
        AUSGABE "zwischen 1..10"
    ENDE

STOPP
```

Nach dem Starten sieht es dann so aus:

```
Programmieren lernen                    - □ x
Bitte eine Zahl eingeben:
3
Richtig: Zahl ist zwischen 1..10
Bitte eine Taste druecken, um das Programm zu beenden.
```

Das Programm erkennt, dass die Zahl 3 zwischen 1 und 10 liegt. Bei einer Eingabe der Zahl 15 wird erkannt, dass die Zahl nicht dazwischen liegt.

```
Programmieren lernen                    - □ x
Bitte eine Zahl eingeben:
15
Falsch: Zahl ist nicht zwischen 1..10
Bitte eine Taste druecken, um das Programm zu beenden.
```

Was ist hier eigentlich passiert?

Durch den UND-Befehl können zwei Vergleiche miteinander verknüpft werden. Das ist fast so, wie wir es auch im täglichen Leben benutzen. Beispielsweise könnte man sagen: „Wenn der erste Ferientag ist und es gutes Wetter ist, dann gehe ich im Freibad schwimmen." Nur wenn beide Bedingungen (Vergleiche) erfüllt sind, dann geht es ins Freibad. Die beiden Bedingungen sind *erster Ferientag* und *gutes Wetter*. Für das Programmieren bedeutet das, dass der UND-Befehl zwei Vergleiche verbindet und dieser Gesamtvergleich nur richtig ist, wenn beide einzelnen Vergleiche richtig sind.

MERKEN: Bei dem UND-Befehl müssen beide Vergleiche richtig sein, dann ist auch der gesamte Vergleich richtig.

```
START

    WORT vorname
    WORT nachname
    AUSGABE "Bitte den Vornamen eingeben:"
    WORTEINGABE vorname

    AUSGABE "Bitte den Nachnamen eingeben:"
    WORTEINGABE nachname

    FALLS  vorname = "James"
           UND nachname = "Bond"

      AUSGABE "Hallo 007!"
    ENDE

    SONST
      AUSGABE "Ich kenne Sie leider nicht!"
    ENDE

STOPP
```

Nur wenn die Vergleiche von Vorname und Nachname richtig sind, dann wird der Benutzer (also *James Bond*) nett begrüsst:

```
Programmieren lernen                          _  □  ×
Bitte den Vornamen eingeben:
James
Bitte den Nachnamen eingeben:
Bond
Hallo 007!
Bitte eine Taste druecken, um das Programm zu beenden.
```

Der ODER-Befehl arbeitet fast genau wie der UND-Befehl, nur mit dem Unterschied, dass nicht beide Vergleiche richtig sein *müssen* (aber *können*).

MERKEN: Bei dem ODER-Befehl muss nur ein Vergleich richtig sein, dann ist auch der gesamte Vergleich richtig.

Das folgende Beispiel zeigt die Verwendung des ODER-Befehls. Ein Benutzer soll entweder die Zahl 3 oder die Zahl 7 eingeben:

```
START

    ZAHL x
    AUSGABE "Bitte die Zahl 3 oder 7 eingeben"
    ZAHLEINGABE x

    FALLS x = 3 ODER x = 7
        AUSGABE "Sehr gut!"
    ENDE

    SONST
        AUSGABE "Das war weder 3 noch 7!"
    ENDE

STOPP
```

Die Eingabe der 3 oder der 7 wird dann korrekt erkannt:

Nun wird es wirklich Zeit für einige Aufgaben. Diese neuen und teilweise recht komplizierten Erkenntnisse müssen nun praktisch umgesetzt werden.

5.8 Aufgaben

5.8.1 Aufgabe 1: ein kleiner Vokabeltrainer

Angenommen, du hast im Englischunterricht vier neue Vokabeln kennengelernt. Um die Vokabeln richtig zu üben, schreibst du ein kleines Vokabel-Lern-Programm. Folgende Vokabeln sollen abgefragt werden:

Hund	→	dog
Katze	→	cat
Maus	→	mouse
Haus	→	house

Das Programm soll das deutsche Wort anzeigen und dann den Benutzer nach dem englischen Wort fragen. Wenn der Benutzer das richtige englische Wort eingibt, so soll er dafür ein Lob erhalten. Ansonsten bekommt er eine Meldung, dass er einen Fehler gemacht hat. Nach dem Start könnte das Programm dann so aussehen:

5.8.2 Aufgabe 2: ein kleiner Rechentrainer

Das Kopfrechnen ist eine ganz wichtige Sache. Deshalb ist es besonders sinnvoll, ein kleines Programm zu schreiben, das dir beim Üben hilft. Das Programm soll so funktionieren: Ein Benutzer gibt zwei Zahlen ein und der Computer fragt ihn nach dem Ergebnis der Addition dieser beiden Zahlen. Wenn der Benutzer das richtige Ergebnis eingibt, dann erhält er ein tolles Lob, ansonsten wird er getröstet und ermuntert, es noch einmal zu versuchen.

Der Computer erkennt, ob richtig gerechnet wurde. Die entsprechende Meldung wird dann auf dem Bildschirm ausgegeben. Man kann das Programm natürlich noch erweitern, indem man die anderen Grundrechenarten auch abfragt. Beispielweise das Produkt der beiden eingegebenen Zahlen (also erste Zahl *mal* zweite Zahl).

5.8.3 Aufgabe 3: geheime Informationen schützen

Stell dir vor, du verfügst über ganz spezielle geheime Informationen. Diese Informationen musst du natürlich gegen unerlaubten Zugriff von Spionen schützen. Deshalb versteckst du diese Informationen in einem Computerprogramm. Nur wer den richtigen Namen und das richtige Passwort eingibt, erhält Eintritt in den geschützten Bereich. Dann muss allerdings noch eine richtige Geheimzahl eingegeben werden und erst dann werden die Informationen angezeigt.

Die richtigen Eingaben könnten beispielsweise so aussehen:

Name:	**Bond**
Passwort:	**geheim**
Geheimzahl:	**123**

Nach dem Starten des Programms würde der Benutzer mit diesen Eingaben an die Geheiminformationen kommen. (Die geheimen Informationen kannst du dir selbst ausdenken.)

Hier ist noch ein kleiner Tipp für die Umsetzung:

Bei der Abfrage von Name und Passwort kann einer der beiden Befehle (UND bzw. ODER) eingesetzt werden. Auch der FALLS-Befehl in einem FALLS-Befehl kann zum Einsatz kommen – es fragt sich natürlich nur, an welcher Stelle? Aber das wirst du bestimmt ganz schnell herausfinden.

Wenn der Benutzer einen falschen Namen oder ein falsches Passwort eingibt, dann könnte es so aussehen:

Die richtige Eingabe könnte so aussehen:

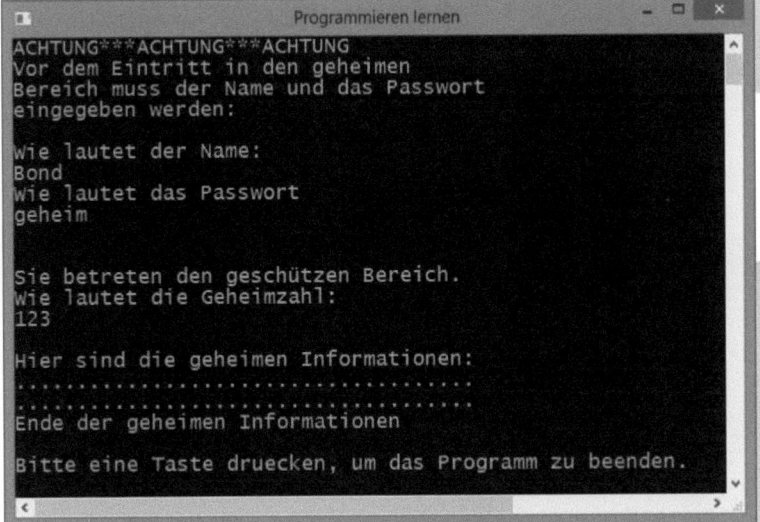

Zusammenfassung!

 Können Computer richtig denken? Eigentlich nicht, aber der Programmierer kann Befehle verwenden, durch die ein Programm Vergleiche anstellt und damit bestimmte Befehle ausführt oder nicht. So lernt der Computer auch das Denken.

 Der FALLS-Befehl leitet einen solchen Vergleich ein und wird mit dem ENDE-Befehl abgeschlossen. Zwischen diesen beiden Befehlen stehen die Anweisungen, die der Computer ausführen soll, wenn der Vergleich richtig ist. Wenn der Vergleich nicht richtig ist, so könnten Befehle ausgeführt werden, die zwischen dem SONST-Befehl und dem ENDE-Befehl stehen.

 Es können Platzhalter, Zahlen und Worte miteinander verglichen werden. So wie in der Mathematik werden Vergleichssymbole eingesetzt: < > = != <= >= Mit den Befehlen UND/ODER können Vergleiche verknüpft werden.

 In einem FALLS-Befehl können wiederum FALLS-Befehle stehen, in denen dann wieder FALLS-Befehle stehen.

Kapitel 6

Wiederholungen

6.1 Wiederholungen sind langweilig?

Das stimmt vielleicht bei Fernsehsendungen, aber bei der Programmierung sind Wiederholungen sehr wichtig und überhaupt nicht langweilig. Warum das so ist, zeigen wir dir an einem kleinen Beispiel:

Viele Programme verlangen ein Passwort bevor mit ihnen gearbeitet werden kann. So werden die Daten des Benutzers vor unerlaubtem Zugriff geschützt. Es ist allerdings nicht schön, wenn der Benutzer nur *eine* Chance hat, das Passwort richtig einzugeben. Man kann sich ja auch einmal vertippen!

Aus diesem Grund wäre es sinnvoll, wenn der Benutzer nicht nur einmal die Möglichkeit hätte, sein Passwort einzugeben, sondern z. B. drei Versuche erhielte. Das Programm würde also die Passworteingabe dreimal zulassen, bevor es sich beendet. Nur die Eingabe des richtigen Passwortes innerhalb der drei Versuche würde dem Benutzer zu den gewünschten Informationen verhelfen. Für das Programm würde eine solche Wiederholung bedeuten, dass bestimmte Befehle solange wiederholt würden, bis eine festgelegte Bedingung eingetroffen wäre - beispielsweise, dass der dritte Versuch der Passworteingabe erfolgt ist. Genau dafür gibt es natürlich die entsprechenden Befehle, die nun vorgestellt werden.

6.2 Der WIEDERHOLE-SOLANGE-Befehl

Der WIEDERHOLE-Befehl macht genau das, was sein Name sagt: Er veranlasst den Computer etwas zu wiederholen. Jetzt stellt sich nur die Frage, was der Computer wiederholen soll und vor allem, wie oft er etwas wiederholen soll?

Deshalb erst einmal ein kleines Beispiel:

```
START

    ZAHL x

    WIEDERHOLE
        AUSGABE "Bitte die Zahl 5 eingeben"
        ZAHLEINGABE x
    SOLANGE x != 5

    AUSGABE "Na, endlich..."

STOPP
```

In dem Programm sind zwei neue Befehle zu erkennen, der WIEDERHOLE-Befehl und der SOLANGE-Befehl. Der WIEDERHOLE-Befehl leitet eine Wiederholung ein. Alles, was zwischen ihm und dem SOLANGE-Befehl steht, soll wiederholt werden – und zwar *solange* der Vergleich, der direkt hinter dem SOLANGE-Befehl steht, richtig ist.

Nach dem Starten des Programms könnte es so aussehen:

Der Benutzer wird gebeten, die Zahl 5 einzugeben. Gibt er diese Zahl nicht ein, fordert der Computer ihn erneut auf, die Zahl 5 einzugeben. Diese Aufforderung erhält der Benutzer immer wieder, bis er schliesslich doch die Zahl 5 eingibt.

MERKEN: Immer wenn der Vergleich nach dem SOLANGE-Befehl richtig ist, werden alle Anweisungen zwischen WIEDERHOLE und SOLANGE ausgeführt. Der Vergleich darf aber nur nach dem SOLANGE-Befehl stehen!

Es ist doch wirklich toll, dass der Computer etwas so oft ausführt, wie man es möchte. Er macht es einfach solange, bis die Eingabe eine bestimmte

Bedingung erfüllt. Das folgende Beispiel zeigt eine weitere Verwendung dieser neuen Möglichkeiten:

```
START

    ZAHL x
    ZAHL y
    ZAHL ergebnis
    WORT eingabe

    WIEDERHOLE

        AUSGABE "Bitte eine Zahl eingeben:"
        ZAHLEINGABE x

        AUSGABE "Bitte noch eine
                Zahl eingeben:"
        ZAHLEINGABE y

        RECHNEN ergebnis = x + y
        AUSGABE "Das Ergebnis der Addition:"
        AUSGABE ergebnis
        AUSGABE

        AUSGABE "Noch eine Berechnung?"
        AUSGABE "Bitte ja oder nein eingeben"
        WORTEINGABE eingabe

    SOLANGE eingabe = "ja"

    AUSGABE
    AUSGABE "ENDE"

STOPP
```

Das Beispiel könnte dir bekannt vorkommen, denn es ähnelt dem aus Kapitel 4, Aufgabe 2: ein kleiner Taschenrechner. Der Unterschied ist jetzt aber, dass die Berechnung immer wieder ausgeführt wird, bis der Benutzer dies nicht mehr möchte. Das ist doch viel angenehmer, als ständig das ganze Programm neu zu starten.

Nach dem Starten kann der Benutzer beliebig oft die Addition durchführen lassen:

```
Programmieren lernen                                    _ □ ×
Bitte eine Zahl eingeben:
5
Bitte noch eine Zahl eingeben:
8
Das Ergebnis der Addition lautet:
13

Noch eine Berechnung?
Bitte ja oder nein eingeben
ja

Bitte eine Zahl eingeben:
7
Bitte noch eine Zahl eingeben:
9
Das Ergebnis der Addition lautet:
16

Noch eine Berechnung?
Bitte ja oder nein eingeben
nein


ENDE
Bitte eine Taste druecken, um das Programm zu beenden.
```

Das folgende kleine Beispiel zeigt, dass bei einer Wiederholung auch etwas schief gehen kann:

```
START

    ZAHL x
    RECHNEN x = 1

    WIEDERHOLE
       AUSGABE "Endlos..."
    SOLANGE x = 1

STOPP
```

Bei genauer Betrachtung siehst du, dass der Vergleich nach dem SOLANGE-Befehl immer richtig ist, denn der Platzhalter x ändert seinen Wert nicht. Damit wurde eine sogenannte *Endlos-Wiederholung* geschaffen, die niemals aufhört. Erst das Schliessen des Programmfensters kann die Wiederholung bzw. das ganze Programm beenden. Solche Endlos-Wiederholungen sind bei Programmierern gefürchtet, vor allem wenn sie unabsichtlich programmiert wurden.

Nach dem Starten sieht die Bildschirmausgabe so aus:

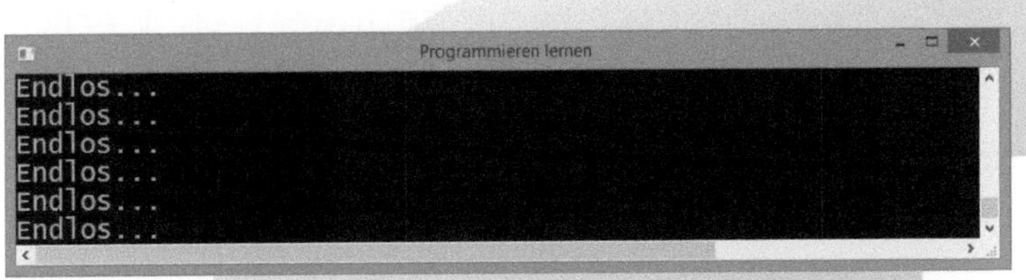

Die bisherigen Beispiele zeigen Wiederholungen, die erst dann enden, wenn der Benutzer eine bestimmte Zahl oder ein bestimmtes Wort eingibt. Die Anzahl der Wiederholungen hängt also von der Eingabe des Benutzers ab. Zum Glück gibt es auch Möglichkeiten, eine Wiederholung genau zu steuern. Das bedeutet, dass vorher festgelegt wird, wie oft etwas wiederholt wird.

6.3   Eine Wiederholung steuern

Nun kommen wir zu einem sehr wichtigen Punkt bei den Wiederholungen – der genauen Steuerung der Wiederholungsanzahl. Damit stellt sich die grundsätzliche Frage, wie der Computer eine Wiederholung zählen kann?

Das folgende Beispiel zeigt eine Möglichkeit:

```
START

    ZAHL x
    RECHNEN x = 1

    AUSGABE "x hat den Wert:"
    AUSGABE x

    RECHNEN x = x + 1
    AUSGABE "x hat den Wert:"
    AUSGABE x

STOPP
```

Nach dem Starten erscheint folgende Bildschirmausgabe:

Was passiert hier? Eigentlich etwas sehr Einfaches: Dem Platzhalter x wurde zuerst der Wert 1 zugewiesen. Im nächsten Schritt wurde sein Wert um 1 erhöht und das Ergebnis erneut im Platzhalter x abgespeichert. Das ist nichts anderes als zählen! Dieser Trick ist ganz wichtig in der Programmierung.

Das nächste Bild zeigt noch einmal diesen wichtigen Zusammenhang:

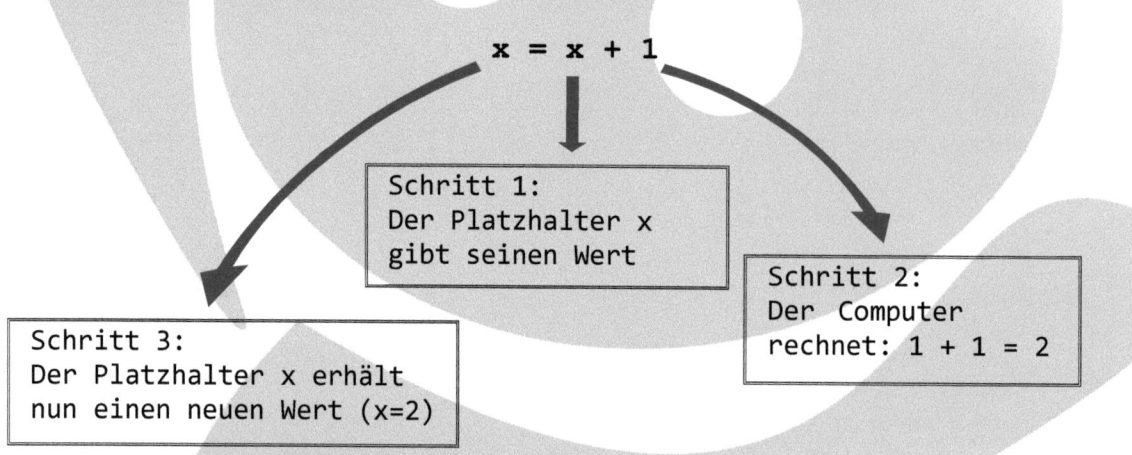

An der Abbildung ist zu erkennen, dass der Platzhalter zuerst seinen Wert zur Verfügung stellt. Anschliessend wird mit diesem Wert gerechnet: Zu diesem Wert wird 1 hinzuaddiert. Dann bekommt der Platzhalter diesen neuen Wert (also 2) zugewiesen. Mit diesem Trick ist es ganz einfach, eine Wiederholung genau zu steuern.

In einem ersten Beispiel soll nun das Wort "Hallo" genau fünfmal auf den Bildschirm geschrieben werden:

```
START

    ZAHL anzahl
    RECHNEN anzahl = 1

    WIEDERHOLE
        AUSGABE "Hallo"
        RECHNEN anzahl = anzahl + 1
    SOLANGE anzahl <=5

    AUSGABE

STOPP
```

Der Platzhalter anzahl wird bei jeder Wiederholung um 1 erhöht (RECHNEN **anzahl = anzahl + 1**). Erst wenn sein Wert 6 ist (**SOLANGE anzahl <= 5**), stoppt die

Wiederholung. Damit wird das Wort "Hallo" genau fünfmal auf den Bildschirm geschrieben, wie die folgende Ausgabe zeigt:

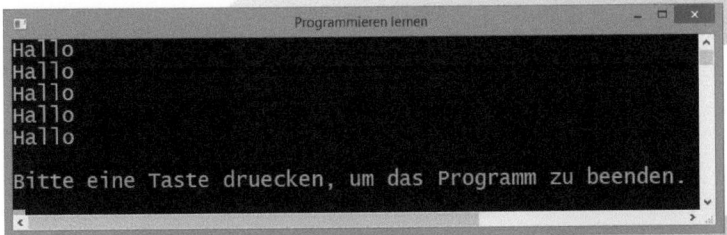

Nun können wir auch das Anfangsbeispiel in Angriff nehmen, weil alle nötigen Kenntnisse jetzt vorhanden sind.

Zur Erinnerung: Ein Benutzer sollte höchstens drei Versuche bekommen, ein Passwort richtig einzugeben, um den Zugang zu gewünschten Informationen zu erhalten. Mithilfe der gesteuerten Wiederholung ist dieses Programm nun kein Problem mehr.

Das Programm auf der nächsten Seite zeigt neben dem Zählen der Versuche noch weitere Besonderheiten: Wenn der Benutzer den richtigen Namen und das richtige Passwort eingegeben hat, dann sollte er nicht mehr nach Name und Passwort gefragt werden. Dies wird erreicht, indem ein FALLS - Befehl genutzt wird (**FALLS name = "Bond" UND passwort = "geheim"**). Der besondere Trick ist, dass **am Ende dieses Befehls** der Platzhalter **anzahl (zum Zählen der Versuche)** auf den Wert 5 gesetzt wird (**RECHNEN anzahl = 5**). Damit erreichen wir, dass die Bedingung nach dem SOLANGE auf jeden Fall nicht erfüllt ist (**SOLANGE anzahl <=3**) und das Programm endet.

Die zweite Besonderheit ist der FALLS-Befehl nach der Wiederholung (**FALLS anzahl = 4**). Hier wird geprüft, ob der Zähl-Platzhalter für die Versuche einen Wert hat, den er nur haben kann, wenn der Benutzer dreimal falsche Daten eingegeben hat. Denn nach jedem Durchlaufen des **WIEDERHOLE-Befehls wird der** Zähl-Platzhalter **anzahl** um einen Wert erhöht. Will der Benutzer ein viertes Mal versuchen, Name und Passwort einzugeben, ist die Ausgabe mit dem Hinweis auf die drei Versuche angebracht.

```
START

    WORT name
    WORT passwort
    ZAHL anzahl
    RECHNEN anzahl = 1

    WIEDERHOLE
        AUSGABE "ACHTUNG***ACHTUNG"
        AUSGABE "Versuch Nr:"
        AUSGABE anzahl

        AUSGABE "Vor dem Eintritt in den
                  geheimen"
        AUSGABE "Bereich muss der Name
                  und das Passwort"
        AUSGABE "eingegeben werden:"
        AUSGABE "Wie lautet der Name:"
        WORTEINGABE name

        AUSGABE "Wie lautet das Passwort"
        WORTEINGABE passwort

        FALLS      name = "Bond"
                   UND passwort = "geheim"
            AUSGABE "Hier sind die geheimen"
            AUSGABE "Informationen:"
            AUSGABE "....................."
            AUSGABE "Ende der geheimen
                      Informationen"
            RECHNEN anzahl = 5
        ENDE

        SONST
            AUSGABE "Name oder Passwort
                      sind falsch!"
        ENDE

        RECHNEN anzahl = anzahl + 1

    SOLANGE anzahl <=3

    FALLS anzahl = 4
        AUSGABE "Leider nur drei Versuche!"
    ENDE

STOPP
```

Nach dem Starten könnte der Bildschirm so aussehen:

```
                        Programmieren lernen              _  □  ×
ACHTUNG***ACHTUNG***ACHTUNG
Versuch Nr:
1
Vor dem Eintritt in den geheimen
Bereich muss der Name und das Passwort
eingegeben werden:

Wie lautet der Name:
Bond
Wie lautet das Passwort
weissnicht

Name oder Passwort sind falsch!

ACHTUNG***ACHTUNG***ACHTUNG
Versuch Nr:
2
Vor dem Eintritt in den geheimen
Bereich muss der Name und das Passwort
eingegeben werden:

Wie lautet der Name:
Bond
Wie lautet das Passwort
geheim

Hier sind die geheimen Informationen:
.........................................
Ende der geheimen Informationen

Bitte eine Taste druecken, um das Programm zu beenden.
```

Man sieht, dass hinter diesem kleinen Programm schon einige komplizierte Dinge stehen, die man alle beachten muss, um Wiederholungen genauso zu steuern, wie man möchte.

6.3.1 Zwischenübung

Zur Auflockerung haben wir eine kleine Übung vorbereitet: Überlege, wie oft das Wort "Test" auf dem Bildschirm ausgegeben wird.

```
START

    ZAHL anzahl
    RECHNEN anzahl = 3
    WIEDERHOLE
        AUSGABE "Test"
        FALLS anzahl = 5
            RECHNEN anzahl = 8
        ENDE
        RECHNEN anzahl = anzahl + 1
    SOLANGE anzahl < 10

STOPP
```

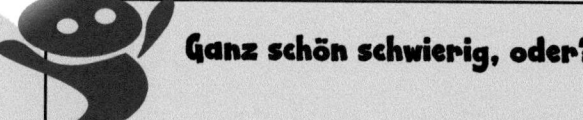

6.4 Eine Wiederholung wiederholt sich

Zwischen den Befehlen WIEDERHOLE und SOLANGE stehen eigentlich nur weitere „Befehle", die ausgeführt werden sollen. Man könnte also auch eine „Wiederholung" ausführen – also eine Wiederholung in einer Wiederholung starten. Das klingt ganz schön verwirrend und deshalb schauen wir uns erst einmal ein kleines Beispiel an:

```
START

    ZAHL anzahl
    ZAHL ende
    WORT eingabe

    WIEDERHOLE
       AUSGABE "Wie oft soll das Wort Test"
       AUSGABE "ausgegeben werden?"
       ZAHLEINGABE ende
       RECHNEN anzahl = 1

       WIEDERHOLE
          AUSGABE "Test"
          RECHNEN anzahl = anzahl + 1

       SOLANGE anzahl <= ende

       AUSGABE "Noch einmal?"
       AUSGABE "Dann bitte ja eingeben"
       WORTEINGABE eingabe

    SOLANGE eingabe = "ja"

STOPP
```

In diesem Beispiel wird ein Benutzer aufgefordert, eine Zahl einzugeben. Dann wird mithilfe einer Wiederholung das Wort "Test" so oft auf den Bildschirm geschrieben, wie der Benutzer es wollte. Anschließend wird er gefragt, ob er eine weitere Ausgabe möchte. Falls ja, dann wiederholt sich die ganze Ausgabe erneut. Solange, bis der Benutzer nicht mehr möchte.

Nach dem Starten des Programms könnte es dann so aussehen:

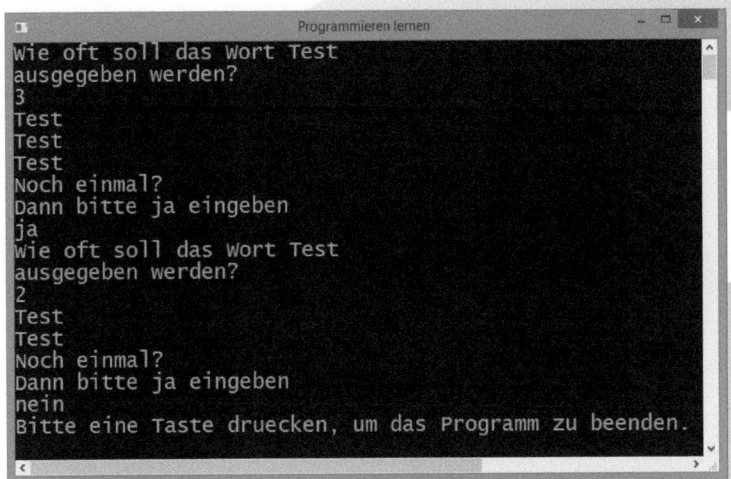

In der Programmierfachsprache nennt man die erste Wiederholung eine äussere Wiederholung und die zweite eine innere Wiederholung. Das liegt daran, dass die zweite (also innere) in der ersten (also äusseren) stattfindet.

Es ist durchaus denkbar, noch weitere innere Wiederholungen einzufügen. Die Anzahl ist nicht beschränkt. In den meisten Fällen reicht allerdings eine Wiederholung. Trotzdem lohnt es sich, auch dieses Beispiel anzuschauen:

```
START

    ZAHL anzahl1
    ZAHL anzahl2
    ZAHL ergebnis

    RECHNEN anzahl1 = 1

    WIEDERHOLE
        RECHNEN anzahl2 = 1
        WIEDERHOLE
            RECHNEN ergebnis = anzahl1 * anzahl2
            AUSGABE ergebnis
            RECHNEN anzahl2 = anzahl2 + 1
        SOLANGE anzahl2 <= 3
        RECHNEN anzahl1 = anzahl1 + 1

    SOLANGE anzahl1 <= 3

STOPP
```

Nach dem Starten erscheint folgende Ausgabe:

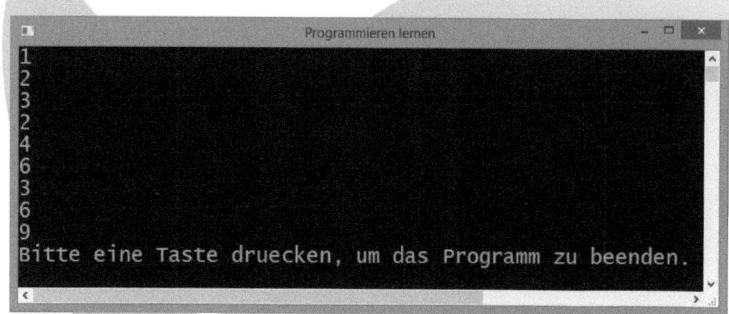

Aber wieso stehen ausgerechnet dieses Zahlen als Ergebnis auf dem Bildschirm? Das wird nun ganz genau beleuchtet:

 Der Platzhalter anzahl1 ist der Zähler für die äussere Wiederholung, er ist der äussere Zähler.

 Der Platzhalter anzahl2 ist der Zähler für die innere Wiederholung, er ist der innere Zähler.

 Nach dem Starten wird der Zähler für die erste (äussere) Wiederholung auf den Wert 1 gesetzt (RECHNEN anzahl1 = 1).

 Innerhalb der äusseren Wiederholung erfolgt die innere Wiederholung. Deren Zähler wird auch auf den Startwert 1 gesetzt (RECHNEN anzahl2 = 1).

 In der inneren Wiederholung wird ein Ergebnis berechnet: (RECHNEN ergebnis = anzahl1 * anzahl2). Das Besondere hier ist, dass mit den Zählern der äußeren und inneren Wiederholung gerechnet wird. Somit wird nach dem Starten des Programms erst „1 * 1" gerechnet und dann wird der innere Zähler um eins erhöht (RECHNEN anzahl2 = anzahl2 + 1), d.h. beim nächsten Durchlauf rechnet das Programm „1 * 2" und erhöht dann wieder den inneren Zähler. Der innere Zähler steht nun auf 3.

 Bei diesem Wert (SOLANGE anzahl2 <= 3) soll das Programm einen anderen Befehl ausführen (RECHNEN anzahl1 = anzahl1 + 1), d.h. der Computer soll nun den äusseren Zähler um eins erhöhen. Ausserdem springt er zurück in die äussere Wiederholung und setzt den inneren Zähler wieder auf eins (RECHNEN anzahl2 = 1), sodass die innere Wiederholung erneut beginnt; nun wird „2 * 1" berechnet usw.

Die Ergebnisse, die schliesslich auf dem Bildschirm erscheinen erklären sich mit Hilfe folgender Tabelle:

$$
\begin{aligned}
\texttt{anzahl1 = 1 *} &\begin{cases} \texttt{anzahl2 = 1} \\ \texttt{anzahl2 = 2} \\ \texttt{anzahl2 = 3} \end{cases} \Longrightarrow \begin{matrix} \texttt{ergebnis = 1} \\ \texttt{ergebnis = 2} \\ \texttt{ergebnis = 3} \end{matrix} \\[2mm]
\texttt{anzahl1 = 2 *} &\begin{cases} \texttt{anzahl2 = 1} \\ \texttt{anzahl2 = 2} \\ \texttt{anzahl2 = 3} \end{cases} \Longrightarrow \begin{matrix} \texttt{ergebnis = 2} \\ \texttt{ergebnis = 4} \\ \texttt{ergebnis = 6} \end{matrix} \\[2mm]
\texttt{anzahl1 = 3 *} &\begin{cases} \texttt{anzahl2 = 1} \\ \texttt{anzahl2 = 2} \\ \texttt{anzahl2 = 3} \end{cases} \Longrightarrow \begin{matrix} \texttt{ergebnis = 3} \\ \texttt{ergebnis = 6} \\ \texttt{ergebnis = 9} \end{matrix}
\end{aligned}
$$

Nun ist es aber dringend Zeit, einige Aufgaben zu erledigen. Vor allem bei der 4. Aufgabe wird dir das letzte Beispiel helfen.

6.5 Aufgaben

6.5.1 Aufgabe 1: alle Zahlen ausgeben

Dieses Programm soll alle Zahlen ausgeben, die der Benutzer möchte. Er gibt dazu eine Startzahl und eine Endzahl ein und das Programm gibt automatisch alle Zahlen aus, die dazwischen liegen. Nach dem Starten könnte eine Eingabe so aussehen:

```
Programmieren lernen
Bitte den Startwert eingeben:
1
Bitte den Endwert eingeben:
4

Hier sind die Zahlen:
1
2
3
4

Bitte eine Taste druecken, um das Programm zu beenden.
```

6.5.2 Aufgabe 2: einen Countdown programmieren

Wenn beispielsweise eine Rakete startet oder ein anderes wichtiges Ereignis stattfinden soll, dann zählt man die letzten Sekunden bis zu dem Ereignis mit – in einem *Countdown* (das ist Englisch und heißt so viel wie herunter zählen). Schreibe dazu ein Programm, das von einer Startzahl (die der Benutzer eingeben soll) bis zur Zahl 1 herunter zählt und die Zahlen auf dem Bildschirm anzeigt.

Noch ein kleiner Tipp: Einen Platzhalter kann man nicht nur um eins hochzählen, sondern natürlich auch um eins herunter zählen. Wie das funktioniert, wirst du bestimmt ganz schnell mithilfe der Subtraktion herausfinden.

Nach dem Starten des Programms könnte es so aussehen:

6.5.3 Aufgabe 3: automatische Reihenberechnung

Die automatische Reihenberechnung wurde bereits in den vorherigen Kapiteln angesprochen. Nun kannst du mithilfe der Wiederholungen das Programm noch viel besser umsetzen. Der Benutzer soll eine Zahl eingeben und anschliessend wird die komplette Reihe der Zahl angezeigt. Zur Erinnerung: Die Reihe der Zahl 3 lautet beispielsweise:

3   6   9   12   15   18   21   24   27   30

oder die Reihe der Zahl 7:

7   14   21   28   35   42   49   56   63   70

In Anschluss wird der Benutzer danach gefragt, ob er eine weitere Reihe berechnen lassen möchte und falls ja, dann wiederholt sich der Vorgang.

Noch ein kleiner Tipp zur Umsetzung: Du brauchst eine äussere und eine innere Wiederholung. Die Reihenberechnung wird nämlich auch mit einer Wiederholung durchgeführt.

Nach dem Starten des Programms könnte der Bildschirm so aussehen:

```
Programmieren lernen                    _ □ ×

Welche Reihe soll berechnet werden?
7

Hier ist die Reihe:
7
14
21
28
35
42
49
56
63
70

Noch einmal? Dann bitte ja eingeben
nein
Bitte eine Taste druecken, um das Programm zu beenden.
```

6.5.4 Aufgabe 4: Eine Sternchentreppe

Dieses Programm ist ganz schön schwierig - also eine echte Herausforderung für dich. In dem Programm sollen Wiederholungen dazu benutzt werden, um eine Treppe aus Sternchen auf den Bildschirm zu zeichnen. Folgende Tipps sollten dir die Arbeit etwas erleichtern:

Der Zähler einer inneren Schleife kann als Startwert immer den Wert des Zählers aus der äusseren Schleife erhalten.

Einem Wort-Platzhalter kann ein Sternchen "*" als Text hinzugefügt werden, indem einfach das "*" addiert wird.

Wenn man einen Wort-Platzhalter "leeren" möchte, dann muss man ihm einfach einen leeren Text "" zuweisen.

Nach dem Starten des Programms soll folgendes Bild erzeugt werden:

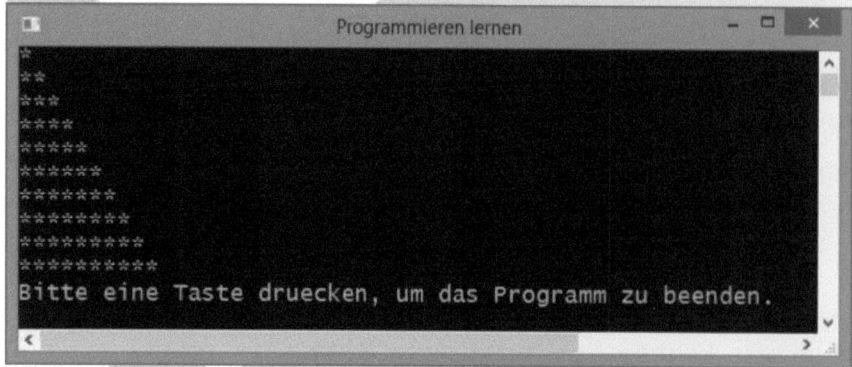

Wer eine weitere Herausforderung sucht, der sollte versuchen einen „Sternchenbaum" zu programmieren. Der könnte so aussehen:

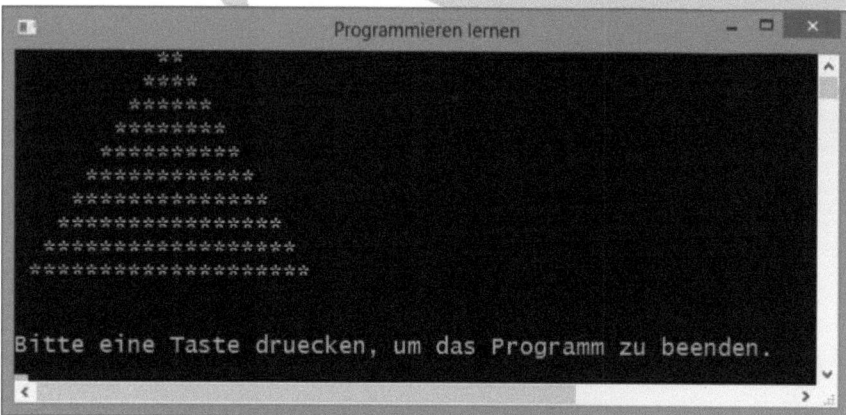

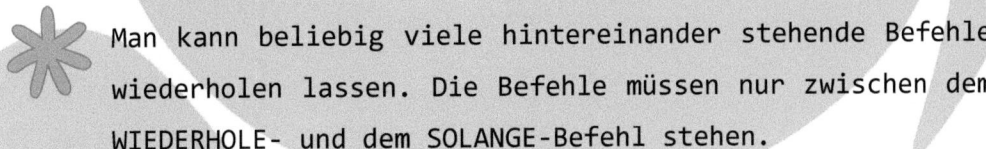

Zusammenfassung!

✳ Man kann beliebig viele hintereinander stehende Befehle wiederholen lassen. Die Befehle müssen nur zwischen dem WIEDERHOLE- und dem SOLANGE-Befehl stehen.

✳ Die Wiederholung läuft immer weiter, solange der Vergleich (der direkt hinter dem SOLANGE-Befehl steht) richtig ist.

✳ In einem Programm sollte sichergestellt sein, dass der Vergleich bei einer Wiederholung irgendwann nicht mehr richtig ist, und die Wiederholung damit abbricht. Sonst kommt es zu der so genannten **Endlos-Wiederholung**.

✳ Man kann eine Wiederholung genau steuern, indem ein Zähl - Platzhalter in der Wiederholung bei jedem Schritt um 1 hoch gezählt wird. Die Wiederholung endet dann, wenn der Zähler einen bestimmten Wert überschreitet oder mit anderen Worten: die Wiederholung läuft genau so lange, wie der Zähler kleiner oder gleich einem bestimmten Wert ist.

✳ In einer Wiederholung kann natürlich eine Wiederholung laufen, in der dann wieder eine Wiederholung läuft und immer so weiter.

Index